1 MONTH OF
FREE
READING

at

www.ForgottenBooks.com

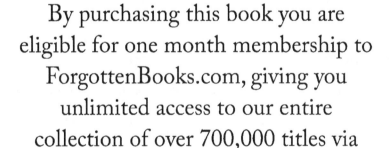

By purchasing this book you are eligible for one month membership to ForgottenBooks.com, giving you unlimited access to our entire collection of over 700,000 titles via our web site and mobile apps.

To claim your free month visit:
www.forgottenbooks.com/free686488

ISBN 978-0-666-87946-2
PIBN 10686488

LES
ÉTUDIANTS EN MÉDECINE
DE PARIS
AU XVIᴱ SIÈCLE

ESSAI HISTORIQUE

PAR

Le Docteur Henri de **BOYER** de **CHOISY**

IMPRIMERIE GÉRARDIN
VERSAILLES
—
1903

A MON PÈRE ET A MA MÈRE

INTRODUCTION

Au quartier latin, centre de l'Université de Paris, vivait au XVIe siècle, un peuple d'écoliers, à la fois studieux et turbulents, épris de liberté, aimant les sciences et les lettres, les joyeux ébats, les bruyantes manifestations.

Ce coin de la grande ville, que les embellissements ont transformé peu à peu, empruntait à la jeunesse des écoles une physionomie spéciale, dont l'imagination, sans efforts, peut reproduire les traits.

Nous avons eu plaisir à jeter un coup d'œil sur la Faculté de médecine, à esquisser la silhouette de ses étudiants, à une époque déjà si éloignée de la nôtre et si différente par les mœurs.

Les livres abondent sur la partie médicale de notre travail.

Après divers renseignements, nous avons indiqué la série des examens, conduisant au doctorat; nous avons rappelé les vieux usages, les solennités scolastiques.

Mais peu d'ouvrages s'occupent de la vie privée des étudiants en médecine. C'est à l'aide de détails épars, d'éléments disséminés, que nous avons essayé d'obvier à cette lacune.

INTRODUCTION

Au quartier latin, centre de l'Université de Paris, vivait, au XVIᵉ siècle, un peuple d'écoliers, à la fois studieux et turbulents, épris de liberté, aimant les sciences et les lettres, les joyeux ébats, les bruyantes manifestations.

Ce coin de la grande ville, que les embellissements ont transformé peu à peu, empruntait à la jeunesse des écoles une physionomie spéciale, dont l'imagination, sans efforts, peut reproduire les traits.

Nous avons eu plaisir à jeter un coup d'œil sur la Faculté de médecine, à esquisser la silhouette de ses étudiants, à une époque déjà si éloignée de la nôtre et si différente par les mœurs.

Les livres abondent sur la partie médicale de notre travail.

Après divers renseignements, nous avons indiqué la série des examens, conduisant au doctorat ; nous avons rappelé les vieux usages, les solennités scolastiques.

Mais peu d'ouvrages s'occupent de la vie privée des étudiants en médecine. C'est à l'aide de détails épars, d'éléments disséminés, que nous avons essayé d'obvier à cette lacune.

2

Nous avons eu garde d'omettre l'indication des sources.

De l'étude du passé, se dégage un charme particulier, auquel il est difficile de se soustraire.

Chacun de nous « peu ou prou » s'y intéresse. Une naturelle curiosité s'attache, en effet, aux lointains souvenirs, aux documents qui les éclairent.

Ce nous est un devoir de remercier ici M. le professeur Debove, doyen de la Faculté, membre de l'Académie de médecine, d'avoir bien voulu accepter la présidence de cette thèse.

Il nous est particulièrement agréable de lui offrir, ainsi qu'à nos chers maîtres dans les hôpitaux, MM. Tapret, Reynier, Bonnaire et Comby, l'hommage de notre très sincère gratitude.

BIBLIOGRAPHIE [1]

1. J. DU BREUL, religieux de Sainct-Germain-des-Prez· — *Le théâtre des antiquitez de Paris.* — Paris, 1639, in-4°.

2. C.-E. DU BOULAY (Bulœus). — *Historia universitatis Parisiensis.* — Paris, 1665-73, in-folio.

3. Ch. JOURDAIN. — *Index chronologicus chartarum pertinentium ad historiam universitatis Parisiensis ab ejus originibus ad finem decimi sexti sœculi.* — Paris, 1862, in-folio.

4. H. SAUVAL. — *Histoire et recherches des antiquités de la ville de Paris.* — Paris, 1724, in-folio.

5. D. Michel FELIBIEN. — *Histoire de la ville de Paris,* revue par D. Lobineau. — Paris, 1725, in-folio.

6. H. T. BARON. — *Quœstionum medicarum quœ circa*

---

(1) Les autres sources auxquelles nous avons puisé nos renseignements, pour la rédaction de cette étude, se trouvent indiquées au bas des pages.

*medicinæ theoriam et praxim, ante duo sæcula, in
scholis facultatis medicinæ Parisiensis agitatæ sunt,
series chronologica, cum doctorum præsidum et bac-
calaureorum propugnantium nominibus.* — Parisiis,
1752, in-4º.

7. H. T. BARON. — *Compendiaria medicorum Parisiensium notitia.* — Parisiis, 1752, in-4º.

8. CREVIER. — *Histoire de l'Université de Paris, depuis
son origine jusqu'en l'année 1600.* — Paris, 1761,
in-12.

9. J.-C. SABATIER. — *Recherches historiques sur la Faculté de médecine de Paris.* — Paris, 1835, in-8.

10. HAZON. — *Eloge historique de l'Université de Paris,
discours de Vespérie prononcé aux écoles de médecine le 11 octobre 1770.*

11. Ch. JOURDAIN. — *Histoire de l'Université de Paris
aux XVIIe et XVIIIe siècles.* — Paris, 1862-1866,
in-folio.

12. A.-Alexis MONTEIL. — *Histoire des français des divers
états ou histoire de France aux cinq derniers siècles.*
— 3e édition, Paris, 1847, in-8.

13. Dr A. CORLIEU. — *L'ancienne faculté de médecine de
Paris.* — Paris, 1877, in-12.

14. CHOMEL.— *Essai historique sur la médecine en France.*
Paris, 1762, in-12.

15. A. TAILLANDIER. — *Mémoire sur les registres du
Parlement de Paris pendant le règne de Henri II*

(mémoires de la Société royale des antiquaires de France, nouvelle série, tome VI). — Paris, 1842, in-8.

16. Maurice RAYNAUD. — *Les médecins au temps de Molière.* — Paris, 1863, in-12.

17. Alfred FRANKLIN.—*Les anciennes bibliothèques de Paris églises, monastères, collèges, etc.* — Paris, 1870, in-4°.

18. Alexandre MONNIER. — *Histoire de l'assistance publique dans les temps anciens et modernes.* — Paris, 1866, in-8, 3ᵉ édit.

19. J. QUICHERAT. — *Histoire du costume en France.* — Paris, 1875, gr. in-8.

20. BRIÈLE. — *Collection de documents pour servir à l'Histoire des hôpitaux de Paris.* — Paris, 1881, in-folio.

21. Victor GAY. — *Glossaire archéologique du Moyen-âge et de la Renaissance.* — Paris, 1887.

22. Abel LEFRANC. — *Histoire du collège de France, depuis ses origines.* — Paris, 1893, in-8.

23. René DE LESPINASSE. — *Les métiers et corporations de la ville de Paris du XIVᵉ au XVIIIᵉ siècle.* — Paris, 1886-1897, in-folio.

24. Edmond BONNAFFÉ. — *Etudes sur la vie privée de la Renaissance.* — Paris, 1898, in-16.

25. *Bulletin de la Société de l'Histoire de Paris et de l'Ile de France* (8ᵉ année). — 1881, in-8, — H. Champion, éditeur.

26. A. FRANKLIN. — *La vie privée d'autrefois* :
    — *Ecoles et collèges.* — Paris, 1891, in-16.
    — *Les médecins.* — Paris, 1892, in-16.
    — *Les médicaments.* — Paris, 1891, in-16.
    — *Variétés chirurgicales.* — Paris, 1894, in-16.

27. HIPPOCRATE. — *Œuvres complètes.* (Traduction accompagnée d'une introduction par L. Littré.) — Paris, 1839, in-8.

28. GALIEN. — *Œuvres anatomiques, physiologiques et médicales.* (Traduction précédée d'une introduction par Ch. Daremberg) — Paris, 1854, in-8.

29. J. SYLVIUS. — *Livre de la génération de l'homme*, mis en français par G. Christian.

30. Ambroise PARÉ. — *Œuvres complètes* précédées d'une introduction par J.-F. Malgaigne. — Paris, 1840-1841, in-8.

31. Th. PARACELSE. — *La grande chirurgie* traduite en françois par Claude Dariot. — Lyon, 1593, in-4°.

32. RABELAIS. — *Les cinq livres* avec notice par le bibliophile Jacob et Glossaire par Chéron. — Paris, 1885, in-16.

33. AXENFELD. — *Jean Wier et la sorcellerie* (conférences

historiques de la Faculté de médecine de Paris).
— Paris, 1866, in-8.

34. BERTHELOT. — *Les origines de l'alchimie.* — Paris,
1885.

35. P.L. JACOB. — *Curiosité des sciences occultes.* —
Paris, 1883, in-16.

36. A. PROST. — *Corneille Agrippa, sa vie et ses œuvres.*
— Paris, 1881-1882, in-8.

37. FIGARD. — *Un médecin philosophe au XVIe siècle :
étude sur la psychologie de Jean Fernel.* — Paris,
1903, in-8.

38. CRUVEILHIER.— *Philosophie des sciences* (Revue de
Paris). — Paris, 1857, in-8.

39. DAREMBERG. — *Histoire des sciences médicales.* —
Paris, 1870.

40. BRIÈLE.—*Inventaire sommaire des archives hospitalières de l'Hôtel-Dieu.* — Paris, 1884, in-4°.

41. Bibliothèque Nationale. — *Pièces originales,* reg.
1125, cote 25850. — Collection Dupuy, 500, f° 47.

42. Estienne PASQUIER. — *Recherches sur la France.* —
Paris, 1665.

43. JAILLOT. — *Recherches sur Paris.* — Paris, 1775.

44. RIOLAN. — *Curieuses recherches sur les escholes en
médecine de Paris et de Montpellier.* — Paris, 1651.

CHAPITRE I

L'Université de Paris. — Son origine. — Sa puissance au moyen age. — La Faculté de médecine. — Le doyen. — Liste des doyens du xvie siècle. — Les professeurs. — Les bedeaux. — Sceau et armoiries de la Faculté. — Les universités de France.

L'université de Paris, dont la célébrité fut européenne et la splendeur sans rivale, par ses origines remontait aux écoles monastiques du moyen âge. Elle naquit du grand mouvement littéraire du xiie siècle.

Vers 1150 s'établit une compagnie enseignante, composée de savants, que les cloîtres avaient formés. Elle fut d'abord désignée sous le nom d'*Etude de Paris* (studium Parisiense).

Elle reçut le titre d'*université*, en 1200, sous Philippe-Auguste, et devint peu à peu le grand foyer intellectuel dont la France est justement fière.

De toutes parts affluèrent les élèves. Le nombre en fut considérable. La division de l'*Université* en *facultés* (1) ne tarda pas à s'imposer, en raison même de la diversité des études.

(1) L'expression de *faculté* se trouve employée dès l'an 1219. (Henri Denifle et Châtelain, *chartularium universitatis Parisiensis*, t. I, p. 75.)

C'est ainsi que se formèrent successivement les quatre facultés : Faculté des arts, Faculté de théologie, Faculté de décret, Faculté de médecine.

La Faculté des arts, qui était la plus ancienne, comprenait elle-même quatre nations : Celle de France, celle de Picardie, celle de Normandie et celle d'Angleterre (1), qui prit plus tard le nom d'Allemagne. Honoranda gallorum natio ; fidelissima Picardorum natio ; Veneranda Normanorum natio ; Constantissima Germanorum natio.

Ainsi étaient-elles qualifiées par nos bons aïeux qui avaient une prédilection pour les formules de courtoisie.

Antérieurement à la naissance des facultés, les étudiants avaient été classés par nation, suivant leur origine. Les quatre nations, composant alors toute l'université devinrent la Faculté des arts. Les noms primitifs furent maintenus, mais, dans la suite, la division par nation n'eut plus qu'une valeur fictive.

Chaque nation élisait un procureur.

A la tête de l'Université était un recteur, élu, d'après un vieil usage, par les seuls députés des quatre nations composant la Faculté des arts, et pour une durée de trois mois.

Il prêtait serment d'exercer sa charge *ad honorem et utilitatem universitatis et facultatis artium.*

S'il mourait en fonctions, on lui décernait les mêmes honneurs qu'aux princes du sang.

Le Recteur présidait le *tribunal de l'Université*, composé des doyens des trois Facultés de théologie, de décret et de médecine et des quatre procureurs de la Faculté des arts.

Ce tribunal avait droit de juridiction sur tous les membres et *suppôts* (2) de l'Université.

(1) La Faculté des arts avait exclu la nation anglaise, à la suite des guerres avec l'Angleterre.

(2) Suppôts (*sub positi*). Parcheminiers, libraires, bedeaux, avocats, etc dépendant de l'Université.

Comme de nos jours, étaient délivrés des diplômes de bachelier, de licencié et de docteur.

Seule la Faculté des arts ne conférait pas le doctorat. Son plus haut grade était celui de *maître ès-arts*, qui équivalait à notre baccalauréat.

L'Université de Paris avait exercé, aux xive et xve siècles, une influence considérable sur les affaires publiques. Ses délégués avaient dirigé les délibérations des conciles de Pise (1409) et de Constance (1414-1418). Durant le *grand schisme d'occident* (1378-1417), elle avait même aspiré au rôle d'arbitre de la chrétienté entre les pontifes rivaux. L'Etat subissait également son ascendant, qui s'étendait *urbi et orbi*, mais le plus souvent elle prêta son appui au pouvoir royal. De là ce titre de *fille aînée des rois de France* que lui décerna Charles V. C'était, à la vérité, une fille peu obéissante et singulièrement capricieuse.

Jusqu'à la fin du xvie siècle, l'Université demeura sous l'autorité incontestée du Saint-Siège. C'est cette autorité qui décrétait les réformes, corrigeait les abus, modifiait les institutions.

Le souverain Pontife agissait soit directement, soit par l'intermédiaire des légats, investis de sa confiance.

Ainsi, sous Charles VII, en 1452, les statuts nouveaux, préparés par les commissaires du Roi, n'avaient été promulgués que sous le nom du cardinal d'Estouteville, légat du pape Nicolas V.

Il n'en est plus de même en 1598. A ce moment, la rénovation universitaire, que les troubles et les ruines de la guerre civile ont imposée, devient l'œuvre exclusive de la royauté, sans la participation du Saint-Siège.

De l'ancienne suprématie de l'Eglise, il ne reste que le privilège de la bénédiction apostolique, donnée aux licenciés par le chancelier de Notre-Dame de Paris et par le chancelier de Sainte-Geneviève (1), devenus, en vertu de bulles expresses, chanceliers de l'Université.

Mais cette évolution ne favorisa pas les rêves d'indépendance de l'Université, désormais contrainte à obéir au Parlement, à se soumettre à l'autorité royale.

*
* *

Au moyen âge la plupart des médecins étaient clercs, c'est-à-dire ecclésiastiques. Mais tous, sans exception, clercs ou laïcs, devaient observer le célibat.

Le cardinal d'Estouteville, en 1452, supprima, au nom du Saint-Siège, cette règle (2) impie et déraisonnable (impium et irrationabile), estimant qu'aux hommes mariés surtout il convenait d'exercer la médecine.

La faculté s'appela longtemps *Physicorum facultas facultas in physica ;* les médecins portaient alors le titre de *physiciens.*

Cette dénomination première indiquait une tendance scientifique dans l'étude de l'organisation humaine.

La Faculté de médecine ne fut tout à fait distincte de la Faculté des arts qu'à partir de 1369.

Au XVI siècle, elle était représentée par l'universalité de ses docteurs, habitués de bonne heure à l'exercice de l'enseignement et de la parole.

Tout docteur devenait *régent de la Faculté,* lorsqu'il avait présidé, comme nous le verrons plus loin, certains exercices imposés aux bacheliers.

---

(1) La licence ès-arts était conférée alternativement par le chancelier de Sainte-Geneviève et par le chancelier de Notre-Dame, suivant arrêt du Parlement du 13 mars 1570. (E. du Boulay, *Hist. univ. Paris.* tome VI, p. 710.)

(2) Le mariage des maîtres fut autorisé par le cardinal d'Estouteville, mais non pas celui des étudiants, qui, jusqu'en 1600, n'étaient admis à la licence que s'ils étaient célibataires. (Hazon, *Eloge historique de l'Univ,* p. 46.)

Les plus anciens docteurs composaient le banc supérieur ; les plus jeunes, c'est-à-dire ceux reçus depuis moins de dix ans, composaient le banc inférieur.

Il ne s'agissait, en cette distinction, que d'une simple prépondérance donnée à l'ancienneté.

Tous indistinctement avaient voix délibérative aux assemblées.

Au surplus, il ne faudrait point se méprendre sur le nombre des docteurs.

Ils étaient 31 seulement en 1395 ; 72 en 1500 ; 81 en 1556 et 85 en 1626.

Dans ce nombre n'étaient pas compris, bien entendu, les licenciés en médecine et les chirurgiens.

Le doyen, *caput facultatis, vindex disciplinæ et custos legum*, était le chef administratif, le plus haut dignitaire de la Faculté. Il veillait au maintien de la discipline, à l'observation des statuts, à la prospérité des études.

Il ne faisait pas de cours aux étudiants, car il avait à s'occuper des intérêts généraux, à comparaître en justice en de nombreux procès, mais il était du jury de tous les examens.

Il relatait sur de grands registres, appelés *commentaires*, les délibérations, faits et actes qui intéressaient la Faculté.

Ces manuscrits, dont le plus ancien remonte à l'an 1395, sont conservés à la bibliothèque de l'Ecole de médecine.

« Les statuts de la Faculté, transmis fidèlement des anciens aux jeunes, n'étaient point écrits sur les premiers commentaires, ni imprimés. Ils furent transcrits, augmentés, arrêtés et promulgués officiellement en 1598 ; imprimés en 1602 et, dans la crainte qu'il n'existât quelque faute ou erreur dans l'impression, ils furent en entier inscrits

(1) Sabatier, *Recherches hist. sur la Faculté de médecine*, p. 15.

dans les commentaires. On les trouvera dans le 9ᵉ volume, page 410 et suivantes (1) ».

Le doyen de la Faculté de médecine, de 1267 à 1388, était le plus âgé des maîtres régents. Il fut ensuite nommé au scrutin par toute l'assemblée, pour une durée d'un an, et rééligible.

Presque chaque doyen resta deux ans en fonctions, à compter de 1448.

Au mois d'octobre 1556, on changea la forme d'élection, qui fut encore modifiée le 7 mars 1644. Les statuts, dit Corlieu (1), établirent que le doyen serait nommé pour deux ans. *Ipse. singulis binniis eligetur.*

Il était élu dans les formes ci-après : Trois docteurs du banc supérieur et deux du banc inférieur, désignés par le sort, dans une réunion de la Faculté, choisissaient à leur tour, sans pouvoir eux-mêmes se porter, trois candidats, deux du banc supérieur, un du banc inférieur. Les trois noms étaient placés dans l'urne, et le nom qui sortait le premier était celui du nouveau doyen.

C'est d'après ce mode d'élection, inauguré en 1556 (2), que fut élu Jean Rochon, cette même année.

Outre le doyen électif, il y avait un doyen d'âge, qui était le plus âgé des docteurs régents. En l'absence du doyen électif, il avait le droit de convoquer la Faculté. Cette dignité tomba en désuétude au XVIIᵉ siècle.

Il nous paraît intéressant de donner la liste complète des docteurs qui, de l'an 1501 à l'an 1600, occupèrent successivement la charge de Doyen (3). Ils ont droit à une place d'honneur dans la galerie de l'histoire médicale.

---

(1) A. Corlieu, *L'ancienne faculté de médecine de Paris*, p. 94ᵉ

(2) Ch. Jourdain, *Histoire de l'Univ. de Paris*, p. 21.

(3) Baron, *compendiaria medicorum Parisiensium notitia*. — Chomel, *Essai historique sur la médecine en France*, p. 271 et suiv.

Doyens de la Faculté de médecine de Paris
au XVIe siècle (1)

Jean Bertoul..........................	1500-1502
Richard Gassion	1502-1504
Jean Loisel (Avis)	1504-1507
Jean Bertoul	1507-1508
Jean de Ruel..........................	1508-1510
Jean Guichard	1510-1512
Pierre Rosée	1512-1514
Robert le Mazuyer.....................	1514-1516
Louis Braillon	1516-1518
Nicolas Laffilé	1518-1520
Michel Dumonceau	1520-1522
René Drouyn	1522-1524
Jean des Jardins	1524-1526
Claude Roger	1526-1528
Pierre Allen	1528-1530
Hubert Coquiel	1530-1532
Jean Vassé	1532-1534
Jean Tagault	1534-1538
Antoine Lecoq	1538-1540
Claude Roger	1540-1542
Jean Maillard	1542-1544
Vincent Muste	1544-1546
Jacques Houllier	1546-1548
Jean Gorrée ou de Gorris...............	1548-1550
Jean Duhamel	1550-1552
Valentin Hieraulme	1552-1554
Christophe Baudoin	1554-1556
Antoine du Four	1556-1558
François Brigard	1558-1560
Antoine Tacquet	1560-1562

(1) A. Corlieu, *L'ancienne Faculté de médecine de Paris*, p. 110 et suiv.

Nicolas Jacquart	1562-1564
Simon Piètre	1564-1566
Jean Rochon	1566-1568
Jacques Charpentier	1568-1570
Claude Variquet	1570-1572
Jean Lecomte	1572-1574
Etienne Gourmelen	1574-1576
Claude Rousselet	1576-1578
Henri de Monantheuil....................	1578-1580
Guillaume de Baillou....................	1580-1582
Bonaventure Granger	1582-1584
Nicolas Ellain	1584-1586
Jean Riolan	1586-1588
Michel Marescot	1588-1590
Henri Blacvod...........................	1590-1594
Guillaume Lusson	1594-1596
Nicolas Milot (mort en fonctions)	1596-1597
Nicolas Ellain	1597-1600
Gilles Héron	1600-1602

Les docteurs (1) professaient en robe longue à grandes manches, ayant le bonnet carré sur la tête et la chausse d'écarlate à l'épaule.

Deux cours avaient lieu : l'un de physiologie, le matin, comprenant l'anatomie et l'hygiène ; l'autre de pathologie, le soir, celui-ci comprenant la matière médicale et la thérapeutique.

Les deux régents à qui ils étaient confiés, étaient élus pour deux ans et remplacés ensuite par de nouveaux professeurs.

(1) Pour le costume de cérémonie des docteurs en médecine et celui du Recteur de l'Université de Paris, sous Henri II, on peut consulter A. Racinet, *Le costume historique*, 1888, in-4 tome IV.

Etaient désignés, dans les mêmes conditions, quatre examinateurs des candidats au baccalauréat.

Deux autres docteurs faisaient un cours de pharmacie et inspectaient les officines.

Un cours de chirurgie en langue française était donné aux apprentis barbiers-chirurgiens.

Au personnel administratif de la Faculté appartenaient deux bedeaux ou appariteurs (*bedellus et subbedellus*). Dans les cérémonies publiques, revêtus de robes noires à manches plissées, avec des masses d'argent sur l'épaule et le bonnet carré en tête, ils précédaient le doyen et les docteurs.

*
* *

Le grand sceau (1) de la Faculté (sceau rond de 50 millimètres) dont l'empreinte est conservée aux archives nationales (2) sur une pièce de l'an 1398, représentait la Vierge assise, vue de face, couronnée et voilée, tenant à la main droite une branche d'arbre et à la main gauche un livre ouvert, où sont tracés des caractères peu distincts. De chaque côté un groupe d'écoliers.

L'exergue portait :

✠ S. ...GISTRORUM FACULTATIS MEDICINE PAR.
(*Sigillum magistrorum facultatis medicine Parisius.*)

Le contre-sceau n'avait que vingt-cinq millimètres de diamètre. Il représentait un docteur portant toute sa barbe, coiffé d'un bonnet, assis et lisant dans un livre.

En exergue :

SECRET. GLORIOSISSIM. YPOCRATIS.
(*Secretum gloriosissimi ypocratis.*)

---

(1) Douët d'Arcq, *Collection de sceaux*. Paris, 1867, tome II, p. 74.
(2) *Arch. nat.* J. 545, n° 14.

Le grand sceau, conservé dans une armoire spéciale, ne pouvait en être retiré qu'en présence (1) de quatre docteurs.

Par une décision (2) du 11 octobre 1597, la Faculté avait adopté pour insignes trois cigognes portant dans leur bec un rameau d'origan (3), surmontées en chef d'un soleil, et ces mots pour devise : *urbi et orbi.*

L'*armorial général* (4) officiel de 1696, dressé par Charles d'Hozier, attribue aux écoles de médecine de Paris les armoiries ci-après désignées :

« *D'or, à une main dextre de carnation, tenant une poi-gnée de plantes de sinople.* »

* * *

Ouvrons une parenthèse ici pour indiquer, avec les dates de leur fondation, les Universités (5) qui existaient en France, au xvie siècle :

Paris, 1200 ; — Toulouse, 1229 ; — Montpellier, 1289 ; — Avignon, 1303 ; — Orléans, 1306 ; — Cahors, 1332 ; — Angers, 1364 ; — Orange, 1365 ; — Aix-en-Provence, 1409 ; — Poitiers, 1431 ; — Caen, 1432 ; — Valence, 1452 ;

(1) Chomel, *Essai historique sur la médecine en France*, p. 160.

(2) A. Franklin, *Les anciennes bibliothèques de Paris*, tome II, p. 60.

(3) Plante de la famille des labiées, à laquelle on supposait alors de nombreuses propriétés curatives.

(4) Bibl. nat., *Armorial général*, manuscrit, de 1696, Paris, tome III, p. 311, n° 705.

(5) La Flandre, annexée à la France, en 1668, avait l'Université de Douai, fondée en 1562. — La Franche-Comté, annexée en 1678, avait les Universités de Dôle, 1424, et de Besançon, 1564.— La Lorraine, annexée en 1766, avait l'Université de Pont-à-Mousson, fondée en 1572 ; — L'Alsace, annexée en 1648, celle de Strasbourg, fondée en 1621. — Au xviiie siècle, furent créées les universités de Pau et de Dijon.

— Nantes, 1460 ; — Bourges, 1464 ; — Bordeaux, 1441 ;
— Reims, 1547.

Parmi ces Universités, celle de Montpellier (1) se dis-
tinguait, comme l'Université de Paris, par d'illustres professeurs, par de grands écrivains. Un nombre considérable
d'étudiants la fréquentaient.

Rabelais avait été reçu docteur à la Faculté de médecine de Montpellier en 1531 et plusieurs médecins de nos
rois y avaient pris leurs grades.

(1) On peut consulter sur la Faculté de Montpellier : Astruc, *Mémoires pour
servir à l'histoire de la Faculté de médecine de Montpellier*, Paris, 1767, in 4°
— Germain, *L'Ecole de médecine de Montpellier*, Montpellier, 1880, in-4°.

CHAPITRE II

De tout temps la médecine a été un objet de contradiction, exalté par les uns, ridiculisé par les autres.

En dépit, toutefois, des railleries et du scepticisme de quelques détracteurs, dont les épigrammes ne sont que jeux littéraires, le médecin a toujours eu ses entrées dans les palais des rois, comme dans les plus humbles demeures.

Au XVIᵉ siècle, aussi bien que dans la société contemporaine, le médecin était le représentant de l'art de guérir, le représentant de la science, que l'on appelle au moindre danger.

Il n'apportait pas le vrai remède toujours, mais toujours le courage et la bonne parole et souvent aussi l'illusion qui chasse l'effroi et rétablit l'équilibre des forces vitales.

En de telles conditions, les préjugés du rang et de la naissance désarmaient devant lui. Les gens de qualité, les personnages de la cour le traitaient nécessairement avec des égards.

La Bruyère (1) a dit avec beaucoup de raison : « Tant que les hommes pourront mourir et qu'ils aimeront à vivre, le médecin sera raillé et bien payé. »

C'est dans la haute bourgeoisie surtout et dans les familles de robe que se recrutaient les étudiants en médecine.

L'esprit de dignité et de solidarité qui caractérisait la Faculté, malgré les rivalités particulières, honorait la profession médicale et la faisait rechercher.

L'Ecole de médecine était, d'ailleurs, tenue en singulière estime par les pouvoirs publics qui, dès le début du XVIᵉ siècle, avaient pris l'habitude de la consulter (2), en toutes circonstances, dans les questions d'hygiène générale.

A une époque où tout était tradition, certaines familles paraissaient vouées à la médecine, comme d'autres à la carrière des armes ou au commerce.

Mais la noblesse fournissait aussi son contingent d'étudiants ; elle ne dérogeait pas, en effet, dans l'exercice de l'art de guérir (3).

A ce sujet, le *Code de la noblesse française*, par M. de Sémainville, au chapitre des preuves de noblesse reçues, au XVIIᵉ siècle, par les commissaires du roi, s'exprime dans les termes ci-après (4) :

« Lorsque, à partir du temps prescrit pour la possession de la noblesse, le titre de noble ou d'écuyer, pris par la plus ancienne génération, se trouvait omis dans une ou plusieurs générations suivantes, la qualité de Mʳ, Mᵉ N. juge royal,

---

(1) J. de La Bruyère, *Les caractères ou les mœurs de ce siècle*, ch. XIV : *De quelques usages.*

(2) Gorheu, *L'ancienne faculté de médecine*, Paris, 1877, p. 225.

(3) A. de la Roque, *Traité de la noblesse*, 1678, ch. CLI, p. 457 et 458.

(4) Le comte P. de Sémainville, *Code de la noblesse française*, Paris, 1860, p. 189.

médecin ou avocat y suppléait et suffisait, avec les autres conditions requises, pour établir la condition et la possession de la noblesse.

» C'est ce qu'ont jugé les commissaires, pensant « que les descendants de ceux qui avaient de telles professions ne devaient pas éprouver de préjudice de leurs qualités et que, puisque le titre d'écuyer, souvent un simple nom de montre et de parade, pouvait leur conserver la noblesse, celui de juge, de médecin et d'avocat, aussi glorieux qu'utile ne devait pas la leur faire perdre ou plutôt en affaiblir la preuve. »

Le doctorat, pris à l'université d'Avignon, était même considéré comme conférant la noblesse héréditaire à celui dont le père et l'aïeul avaient successivement obtenu ce titre (1).

Il suffit de parcourir les registres de la Faculté de médecine de Paris, pour y relever un grand nombre de noms d'apparence nobiliaire. Ex. : J. de Froment, Ch. de Launay, Fr. du Port, And. du Breuil, Guill. de la Barre, J. d'Amboise, J. de Beauvoir, J. de Vermeil, Guill. de Boissy, etc.

Nous disons d'*apparence nobiliaire*, car la particule *de*, précédant un nom patronymique, peut bien indiquer la noblesse, mais ne la constitue pas. Des familles portent à bon droit la particule et ne sont pas nobles. D'autres, au contraire, ne l'ont jamais portée et sont, néanmoins, de très ancienne noblesse.

Si les étudiants en médecine se recrutaient ordinairement dans les familles pourvues de quelque fortune, ce qui s'explique par la durée des études et les frais en résultant, le doctorat n'était cependant pas inaccessible aux

---

(1) E. de Teule, *Chronologie des docteurs en droit civil de l'Université d'Avignon*, Paris, 1887, in-8°. p. 16.

personnages de la cour le trait ent n
des égards.

La Bruyère (1) a dit avec beau jup de
les hommes pourront mourir e qu'ils
le médecin sera raillé et bien pa . "

C'est dans la haute bourgeoi surte
milles de robe que se recrutaientes étud

L'esprit de dignité et de sol arité q '
Faculté, malgré les rivalités pa culière
fession médicale et la faisait re ercher.

L'Ecole de médecine était, d' lleurs, t
estime par les pouvoirs publics i, dès le
cle, avaient pris l'habitude de a consul
circonstances, dans les question d'hygièn

A une époque où tout était addition. (
paraissaient vouées à la méd ne, comi
carrière des armes ou au comi ce.

Mais la noblesse fournissait issi son c
diants ; elle ne dérogeait pas. effet, da
l'art de guérir (3).

A ce sujet, le *Code de la n lesse fran*
Sémainville, au chapitre des euves de
au XVIIe siècle, par les commi ires du roi,
les termes ci-après (4) :

« Lorsque, à partir du temp rescrit pou
de la noblesse, le titre de nobl u d'écuyer,
ancienne génération. se trouv omis dans u
générations suivantes, la qua de M^r, M^e

(1) J. de La Bruyère, *Les caractères les mœurs de ce s quelques usages.*

(2) Corlieu, *L'ancienne faculté de mé inc.* Paris, 1877,

(3) A de la Roque, *Traité de la nobl e*, 1678. ch. CLI.

(4) Le comte P. de Sémainville. *Cod le la noblesse fran* p. 189.

e durée normale de
, bien que le cours
deux ans.
enter à cet examen,
ifiait de son assiduité
ndant quatre ans, (1)

'n médecine devait
s-arts de l'Université
maître-ès-arts d'une

it de poser des ques-
s de l'enseignement,
valent achevé leurs

ers prêtaient le ser-

jeunes gens pauvres ayant pu faire leurs humanités, comme boursiers.

La Faculté, jusqu'au xve siècle, fixait, en général, les droits à payer, suivant la situation (1) plus ou moins aisée de chaque élève. Elle continua, nous le verrons plus loin, à se montrer libérale, *alma mater*, en son enseignement.

Les écoliers, privés de ressources, n'hésitaient pas, au besoin, pour gagner de quoi vivre, à se mettre au service d'un collège, d'un professeur ou même d'un condisciple plus heureux.

De grandes inégalités de fortune existaient entre eux.

Ils portaient volontiers l'épée et avaient droit à la qualification de maître (2).

L'épée imposait respect au populaire et donnait à ceux dont le pourpoint n'était pas trop râpé, une allure de gentilhomme, très en vogue en ce temps-là. Une longue rapière était, en outre, un gage de sécurité.

Nombreux étaient les privilèges de la Faculté de médecine, dont tous les membres étaient exempts de charges personnelles.

Louis XII, suivant lettre, en date à Blois du 28 janvier 1512, enjoint au Prévôt des marchands et aux échevins de la ville de Paris de n'y porter aucune atteinte (3).

« Un écolier, dit Monteil, qui tue et mange la volaille de son voisin, lorsqu'elle s'approche trop près du lieu de ses études, s'il s'en confesse et s'il en restitue la valeur, n'a plus à craindre la justice civile (4). »

---

(1) A. Franklin, *La vie privée d'autrefois* (*Les médecins*), p. 40.

(2) *Nota quod in Francia et Tholose et fere alibi scholares cujuslibet facultatis vocantur magistri ; in Lingua Occitana et Provincia scholares utriusque juris vocantur « Messires, » studentes in medicina et aliis facultatibus . " mestres...* (Rebuffy, *De scholasticorum privilegiis*, Paris, 1540, f° 210).

(3) E. du Boulay, *Hist. univ. Paris*, tome VI, p. 51.

(4) Monteil, *Hist. des Français des divers Etats*, tome III, p. 121.

L'étudiant, à son entrée à la Faculté de médecine, devait produire le diplôme de maître ès-arts (1). Ce diplôme, nous l'avons dit, équivalait à notre baccalauréat actuel.

Il supposait des connaissances littéraires assez étendues. En effet, les études classiques se terminaient par la rhétorique et un cours de philosophie d'une durée de trois ans (2), réduite plus tard à deux ans.

L'examen de *déterminance* (3) ou baccalauréat et les épreuves plus difficiles de la licence en étaient le couronnement.

La Faculté des arts admettait le licencié au rang des *maîtres*, sans nouvel examen.

« La maîtrise se bornait à une prestation de serment, mais le candidat devait prouver qu'il avait suivi les cours de la Faculté des arts pendant six ans au moins. Dans la suite, on n'exigea plus que deux années d'études, et il fallut soutenir publiquement une thèse de philosophie. Enfin, au XVIIIᵉ siècle, la thèse fut remplacée par un double examen (4). »

Une fois inscrit à la Faculté, l'étudiant avait la qualification de philiâtre (φιλος ιατρος).

Dans les collèges (5), les élèves, comme les professeurs, étaient tenus de parler latin, même en dehors des classes. *Nemo scholasticorum in collegio lingua vernacula loquatur, sed latinus sermo eis sit usitatus et familiaris* (6).

Il en était de même à la Faculté de médecine.

---

(1) A défaut, il fallait au moins prouver que l'on avait suivi un cours de philosophie pendant deux ans.

(2) E. du Boulay, *Hist. univ. Paris*, tome VI, p. 392.

(3) Du latin *determinare*, terminer, finir.

(4) A. Franklin, *La vie privée d'autrefois (Ecoles et collèges)*, p. 170.

(5) La plupart des collèges de Paris portaient des noms de province ou de ville, ex. : les collèges de Navarre, de Bourgogne, de Beauvais, du Mans, etc., chaque collège était sous la direction d'un *principal*.

(6) *Statuta facultatis artium*, art. XVI.

Evidemment, il fallait, en maintes circonstances, fabriquer des mots, pour dire en latin ce que le latin n'avait jamais connu, pour exprimer mille choses que n'avaient prévues ni Cicéron, ni Horace, ni Virgile.

Cette pratique avait, cependant, une utilité. Elle permettait aux lettrés de tous les pays de se comprendre aussitôt. Le latin était l'idiome cosmopolite. Un étudiant pouvait partout recevoir l'enseignement de différents maîtres toujours dans la même langue.

L'Université de Paris communiquait ses usages et ses idées au monde savant de toute la chrétienté. « A Prague, à Upsal, à Copenhague, comme à Toulouse et à Strasbourg, un clerc de l'Université de Paris se retrouve comme chez lui, parmi les clercs, ses confrères. Le lendemain de son arrivée, il peut monter en chaire, enseigner ou prêcher ; il est sûr d'être compris (1). »

Suivant la mode du temps, les noms patronymiques mêmes étaient latinisés et, sous cette forme, il est souvent difficile de les reconnaître.

Ainsi Dubois s'appelait *Sylvius ;* Loiseau, *Avis ;* Ledoux, *Perdulcis ;* Lecoq, *Gallus ;* Cochin, *Cochinæus*, etc.

_____

(1) Gaston Boissier, *La réforme des études au XVIe siècle. (Revue des deux Mondes*, Paris, 1882, in 8º, p 583.).

CHAPITRE III

Les études médicales avaient une durée normale de
quatre années pour le baccalauréat, bien que le cours
complet de médecine fût parcouru en deux ans.

Nul, en effet, ne pouvait se présenter à cet examen,
s'il n'était âgé de 25 ans, s'il ne justifiait de son assiduité
à ces études et s'il n'avait suivi, pendant quatre ans, (1)
les cours de l'Université.

Tout candidat au baccalauréat en médecine devait
être pourvu du diplôme de maître-ès-arts de l'Université
de Paris, depuis quatre ans, ou de maître-ès-arts d'une
autre Université depuis huit ans.

Chaque docteur présent avait le droit de poser des questions aux candidats sur les matières de l'enseignement,
lorsque les examinateurs désignés avaient achevé leurs
interrogations.

Avant leur admission, les bacheliers prêtaient le ser-

---

(1) Les fils des docteurs de la Faculté pouvaient obtenir une réduction de
temps.

ment d'usage, dont nous empruntons la formule à M. Sabatier (1) :

1° Vous jurez d'observer fidèlement les secrets d'honneur, les pratiques, les coutumes et les statuts de la Faculté, de tout votre pouvoir, et, quoiqu'il vous arrive, de n'y contrevenir jamais ;

2° De rendre honneur et respect au Doyen et à tous les maîtres de la Faculté ;

3° D'aider la Faculté contre quiconque entreprendrait quelque chose contre ses statuts ou contre son honneur, et surtout contre ceux qui pratiquent illicitement, toutes les fois que vous en serez requis, comme aussi de vous soumettre aux punitions qu'elle inflige en cas de faute ;

4° D'assister, en robe, à toutes les messes ordonnées par la Faculté, d'y arriver au moins avant la fin de l'épitre, et de rester jusqu'à la fin de l'office, fût-ce même une messe d'anniversaire pour les morts, sous peine d'un écu d'amende comme aussi, et sous peine d'une égale amende, d'assister tous les samedis à la messe de l'Ecole, le temps des vacances excepté ;

5° D'assister aux exercices de l'Académie et aux argumentations de l'Ecole pendant deux ans ; de soutenir une thèse sur une question de médecine et d'hygiène ; enfin d'observer toujours la paix et le bon ordre et un mode décent d'argumentation dans les discussions scientifiques prescrites par la Faculté.

La collation des grades universitaires a quelque analogie avec les cérémonies de la chevalerie.

Les simples chevaliers, au moyen-âge, étaient dits *bacheliers* (bas chevaliers), pour les distinguer des chevaliers bannerets. qui pouvaient lever bannière, c'est-à-dire avoir un étendard à leurs armes.

(1) J. Sabatier, *Recherches hist. sur la Faculté de médecine*, p. 44.

Deux autres années d'études conduisaient à la licence, donnant le droit d'exercer la médecine à qui voulait s'arrêter à ce grade.

En mai ou juin de la première année, avait lieu un examen sur la botanique.

L'hiver suivant, une question ou thèse *quodlibétaire*, c'est-à-dire choisie sur un sujet quelconque (*quod libet*) de physiologie ou de pathologie, devait être traitée en public par tout bachelier de six heures du matin à midi.

La Faculté ne recevait qu'une thèse par semaine. Le président de la thèse argumentait le premier contre le candidat. Neuf docteurs lui succédaient et engageaient la lutte avec une nouvelle vigueur. A onze heures, les examinateurs posaient une dernière interrogation à leur choix, en dehors de la question soutenue. De là encore ce nom de *quodlibétaire*.

Enfin, à midi, la séance était levée.

Si l'épreuve avait été jugée favorable, le président prononçait ces paroles :

« *Audivistis, viri clarissimi, quam bene, quam apposite, responderit baccalaureus vester ; eum, si placet, tempore et loco commendatum habebitis.* »

La deuxième année, du mercredi des Cendres à la fin juin, il fallait traiter une question d'hygiène ou thèse *cardinale* (*thesis cardinalitia*), ainsi nommée en souvenir du cardinal d'Estouteville, qui l'avait instituée.

L'argumentation durait de cinq heures du matin à midi. Tous les bacheliers devaient poser des objections et prendre part à la mêlée générale. C'était plus qu'il n'en fallait pour accabler le récipiendaire.

Parmi les questions discutées à la Faculté, on en cite de fort bizarres. En voici des exemples (1) :

Est-ne calidis magna vox ? Thèse soutenue en 1588 par J. Leurechon, bachelier en médecine.

An aeris quam cibi et potûs major necessitas ? (Aff.) Thèse soutenue, en 1589, par Charles Prévost, bachelier en médecine.

An vitalis facultas ad vitam omnium maxime necessaria ? (Aff.) Thèse soutenue en 1594 par Jean Sallant, bachelier en médecine.

Après toutes ces épreuves, qui avaient pu édifier sur les connaissances théoriques et le travail des étudiants, arrivait l'époque de la licence.

Les candidats se présentaient devant l'assemblée de la Faculté et demandaient leur admission à l'examen particulier sur *la pratique.*

Cet examen d'un caractère confidentiel devait être, assurément, fort redouté.

Chaque bachelier, isolément, était soumis aux interrogations de chaque docteur. Puis la Faculté se réunissait à nouveau et dressait la liste d'admissibilité.

Les candidats figurant sur la liste, c'est-à-dire les licentiandes, se rendaient en la demeure du chancelier de Notre-Dame de Paris, à qui ils étaient présentés par le Doyen.

Le chancelier leur indiquait le jour où ils recevraient de lui la bénédiction apostolique et la licence en médecine.

C'est par cette cérémonie que s'affirmait encore l'autorité de l'Eglise.

En attendant la bénédiction apostolique, les Licentiandes

(1) Baron, *Quæstionum medicarum series chronologica*

allaient en corps prier les membres du Parlement, ceux de la Chambre des comptes et de la Cour des aides, le Prévôt des marchands et les échevins de vouloir bien assister au *Paranymphe.*

Cette solennité qui faisait connaître les noms des médecins que la licence allait donner « à la ville et à l'univers entier (1) » symbolisait l'union du nouveau licencié avec la Faculté.

Au jour fixé, les docteurs se réunissaient dans une salle de l'Evêché de Paris, sous la présidence du chancelier. Chacun d'eux lui remettait une liste des candidats, classés suivant leurs mérites.

Ces diverses listes servaient à établir définitivement l'ordre des admissions, d'après le nombre des suffrages.

En présence des magistrats et des personnages invités à la solennité, les noms des candidats étaient proclamés. Les récipiendaires se mettaient à genoux, tête nue, devant le chancelier, qui les bénissait, au nom du Père, du Fils et du Saint-Esprit, et leur donnait, en ces termes, la licence d'exercer la médecine :

« *Ego cancellarius, auctoritate sanctæ sedis apostolicæ, qua fungor in hac parte, do tibi licentiam legendi, interpretandi et faciendi medicinam hic et ubique terrarum, in nomine patris et filii et spiritûs sancti.* »

Ici et par toute la terre ! Les licenciés de l'Université de Paris avaient, en effet, le droit d'exercer et d'enseigner en tout lieu du monde, sans examen et sans autorisation préalables.

Ce glorieux privilège avait été concédé par le pape Nicolas V, en vertu d'une bulle (2) du 23 mars 1460.

---

(1) *Quos, quales et quot medicos urbi atque adeo universo orbi medicorum isto bienno collegium sit suppeditaturum.* (*Statuta*, art 31).

(2) A. Franklin, *Les anciennes bibliothèques de Paris*, tome II, p. 60.

Pour la licence, comme pour le baccalauréat, il n'y avait d'examen que tous les deux ans.

Les candidats éliminés ne pouvaient donc se représenter à ces épreuves qu'après un tel délai.

Très exceptionnellement avaient lieu des examens supplémentaires.

CHAPITRE IV

La vespérie. — Le doctorat en médecine. — L'acte
pastillaire exigé des docteurs pour être régents.
— Les frais d'études. — L'exercice de la médecine
a Paris. — Arrêt du Parlement soumettant a
l'examen de la faculté un médecin de Montpellier
et un médecin de Ferrare. — Lettres patentes
d'Henri II, permettant a Jean-Jacques Destre,
gentilhomme piémontais, d'exercer la médecine
et la chirurgie en France. — Médecins du Roi. —
Fernel, 1er médecin de Henri II.

Le grade de docteur, suprême consécration des études,
était peu après conféré aux licenciés.

L'ordre des admissions était réglé par le rang obtenu
sur la liste de classement de la licence.

Toutefois, le candidat agréé devait, une après-midi,
soutenir un dernier acte préparatoire, dit la *Vespérie*.

Des discours sur les devoirs et la dignité du médecin,
sur la science et les vertus de la Faculté inauguraient et
clôturaient la séance.

Au jour fixé pour sa réception, le candidat avait à
répondre encore à diverses questions, posées par les docteurs, chargés d'argumenter contre lui.

Le grand bedeau ou appariteur de la Faculté le saluait et lui soumettait, en ces termes, la formule du serment :

Domine doctorande, antequam incipias, habes tria juramenta.

Les trois articles se résumaient en ceci : Respect des droits et statuts de la Faculté ; obligation d'assister à la messe, le lendemain de la Saint-Luc, pour les docteurs décédés ; lutte contre l'exercice illégal de la médecine.

L'appariteur reprenait :

Vis ista jurare ?

Et le candidat de répondre :

Juro.

Au XVIIe siècle, la mordante ironie de Molière s'est exercée sur ces vieux usages dans la *cérémonie* du *Malade imaginaire.*

On en rit volontiers et comment ne pas en rire ?

Mais il serait peut-être excessif de ne voir qu'inepties en ces coutumes, que l'on observait comme sérieuses, malgré leurs singularités.

Nous-mêmes sommes-nous bien sûrs que certaines de nos pratiques n'auront rien de ridicule aux yeux de la postérité ?

Quoi qu'il en soit, après le serment, le Président ayant rappelé les devoirs incombant aux médecins, plaçait sur la tête du candidat un bonnet carré, symbole de son émancipation, et lui donnait l'accolade.

Le nouveau docteur, par un discours qu'il s'efforçait de rendre élégant et littéraire, remerciait Dieu, la Faculté, ses parents et les amis qui l'assistaient.

Désormais il pouvait siéger dans les assemblées de la très salutaire compagnie (1).

(1) La Faculté de médecine s'appelait volontiers *Facultas saluberrima medicinæ Parisiensis.*

Instruit des devoirs et des droits qui régissaient la profession médicale, il ne tenait qu'à lui d'éviter les difficultés du début par le tact et la délicatesse, par le respect des prescriptions morales contenues dans les statuts.

Ces prescriptions, dépourvues de sanctions matérielles, s'adressaient à sa conscience, et il est permis de supposer qu'elles étaient généralement observées.

Pour être inscrit au nombre des *docteurs régents*, il devait présider extraordinairement une thèse quodlibétaire et une nouvelle argumentation, soutenue par un bachelier. C'était l'acte que l'on appelait *pastillaire*, à cause des pastilles ou gâteaux que l'on distribuait, en cette circonstance, aux assistants.

Suivant le dictionnaire de Trévoux (1), le bachelier qui soutenait l'acte, était obligé de donner, ce jour-là, un pâté à chaque docteur.

Les frais occasionnés par les divers grades de la Faculté de médecine s'élevaient, suivant Monteil, à environ deux mille livres (2).

L'accès de ces grades, nous l'avons dit, n'était pas interdit aux écoliers pauvres, s'ils étaient instruits et honnêtes. L'article xxv des statuts de 1598 autorise en leur faveur l'exemption des rétributions scolaires, à la condition qu'ils s'engagent, par acte authentique, à les rembourser à la Faculté, lorsqu'ils seront parvenus à une meilleure situation.

N'est-ce pas d'un libéralisme admirablement compris ?

En principe les licenciés et docteurs de la Faculté de Paris avaient seuls le droit d'exercer la médecine à Paris. Tous autres, ayant pris leurs degrés à Montpellier ou

---

(1) *Dict. univ. de Trévoux*, Paris, 1771, tome VI, p 585.

(2) Monteil, *Histoire des Français des divers Etats*, tome III. p. 52. — « .. Et pour estre docteur à Paris couste cinq ou six cens escus. » (Registres du Parlement, 6 août 1506).

ailleurs, devaient se faire agréger à la compagnie. Celle-ci entendait les marquer du sceau de sa garantie, si elle les jugeait dignes de sa confiance.

Le 5 août 1506, André Charpentier, médecin de Montpellier, et Pierre de Gorris, médecin de Ferrare, qui prétendaient ne point se soumettre à cette règle, étaient en procès avec la Faculté, devant le Parlement de Paris.

Un arrêt du 18 avril 1507, ordonna qu'ils seraient examinés, en présence de deux conseillers de la Cour, par quatre délégués de la Faculté de médecine et que, sur le rapport des dits conseillers, la Cour déciderait ou refuserait leur admission (1).

Nous trouvons dans la collection Dupuy, à la Bibliothèque nationale, une pièce manuscrite du XVI⁰ siècle, qu'il nous parait intéressant de reproduire.

C'est une minute ou une copie de lettres patentes, par lesquelles le roi Henri II, en 1556, permet à Jean-Jacques Destre, gentilhomme piémontais, d'exercer la médecine et la chirurgie dans tout le royaume.

Voici ce document (2) :

HENRY II, 1556.

Permission de exercer l'estat de medecine et cirurgie par tout le Royaume.

« Henry, (par la grace de Dieu roy de France), A noz amez et feaulx les gens tenans noz courtz de parlement et à tonsr noz bailliz, seneschaulx, prevostz ou leurs lieutenans

(1) E. du Boulay, *Hist. univ. Paris*, tome VI, p. 33 et 39.

(2) Bibl. nat., coll. Dupuy, 500, f 47.

et autres noz justiciers et officiers et chacun d'eulx. si comme à luy apartiendra, salut et dillection.

» Nostre cher et bien amé Jehan Jacques Destre, gentihomme de Piedmontois, nous a faiet dire et remonstrer que, par la grace de Dieu, il a de grandz et bons secretz par expérience et exercices. pour donner santé à plusieurs corps vivans et languissans ed plusieurs sortes de maladies. desquelz exercices et experience il a fait preuve par les preuves et cures qu'il a faictes, tant à la suitte de nostre court que en nostre ville de Paris et autres lieux de nostre roiaume, auquel il desireroit voluntiers se retirer et accommoder pour y continuer de bien en mieulx son dict art de practique, n'estoit qu'il craint aucuns medecins. cirurgiens ou autres luy voulzsissent en ce faire et donner empeschement, si par nous ne luy estoit sur ce pourveu.

Par quoy Nous. deuement informé du bon scavoir et experience du dict Destre et des grandes et belles cures qu'il a nagueres faictes, tant à la suitte de nostre dicte court que autres lieulx de nostre dict royaume. à icelluy Jehan Jacques Destre avons permis. accordé et octroyé et. par ces presentes, de noz certaine science, pleyne puissance et auctorité royal, permectons. accordons et octroyons. voulons et nous plaist qu'il puisse et luy soit licitte praticquer et exercer son dict art de medecine et cirurgie en et partout nostre dict royaume. païs, terres et seigneuries de nostre obeissance. sans que, pour ce. il soit tenu de faire approuver par aucuns medecins ne cirurgiens de cestuy nostre dict royaume. si bon luy semble. ne vous demander aucune permission. congé ne licence de mectre et apposer ses escripteaulx et placartz ès lieux et vues où il les voudra atacher pour la publication de son dict (*sic*).

» Si voullons et vous mandons que. de noz presens permission. congé et licence et de tout le contenu en ces dictes presentes. vous faictes et souffrez le dict Destre joir et user

plainement et paisiblement, sans en ce leur (*sic*) faire, mectre ou donner ne souffrir estre faict, mis ou donné aucun trouble ou empeschement au contraire, lequel si faict, mis ou donné luy estoient, l'ostez et remectez ou faictes oster et remectre incontinant et sans delay au premier estatet deu, en contraignant à ce faire et souffrir tous ceulx qu'il apartiendra et qui pour ce seront à contraindre par toutes. voies et manières denes et raisonables. Car tel est (nostre plaisir), nonobstant quelzconques privileges que nos predecesseurs et nous avons donnez aux medecins et aux cirurgiens des villes, citez et autres lieux de nostre Royaume et quelzconques editz, ordonnances et lettres à ce contraires auxquelles et aux clauses derogatoires y estans et sans et prejudice d'icelles en autre chose nous avons dérogé et de nos certaines cience, puissance et autorité, comme dessus, derogeons par ces présentes. Donné etc. »

Les rois et les princes du sang choisissaient leurs mèdeeins dans n'importe quelle université.

Ces médecins occupaient, par leur charge, une situation très enviée et jouissaient d'une influence réelle. Mais il leur fallait unir au tact de l'homme du monde la souplesse du courtisan.

Le titre de médecin du roi ou des princes dispensait de tous autres. Il conférait à celui qui en était revêtu le droit d'exercer la médecine à Paris.

Un témoignage dans ce sens nous est fourni par un document de l'an 1535. Il y est question du titre de médecin du Roi, dont on excipe devant le parlement pour échapper à la nécessité de subir l'examen des capacités professionnelles, conformément aux privilèges de la Faculté. « Car par iceux, porte ce document, il est dit que aucun ne sera receu à pratiquer en l'art de médecine en cette ville (Paris) s'il n'est docteur en ladite Faculté de médecine en l'Université de Paris, ou qu'il n'ait esté examiné par quatre docteurs de ladite Faculté de ladite Université, s'il n'est qu'il soit *medecin ordinaire du Roy* ou de quelque autre grand prince (1) ».

Le 1er médecin (2) du Roi était un personnage, à qui de nombreuses prérogatives avaient été concédées.

Jean Fernel (1497-1558), de la Faculté de Paris, *scholæ nostræ lumen et galliæ decus*, avait été premier médecin du roi Henri II. Sa vaste érudition, sa méthode scientifique, lui méritèrent le surnom d'*Hippocrate* français.

Aux *pièces originales* (3) de la Bibliothèque nationale figure une quittance, donnée par Fernel, le 12 novembre 1557, à François de Vigny, Receveur de la ville de Paris.

(1) E. du Boulay, *Hist. univ. Paris*, tome VI, p. 265.

(2) Chomel, *Essai hist. sur la médecine en France*, p. 14 et suiv., donne une liste des premiers médecins de nos Rois.

(3) A titre de document, nous transcrivons ici cette pièce, qui porte la signature de Fernel :

« Je Jehan Fernel, conseiller et permier médecin ordinaire du Roy nostre sire, confesse avoir eu et receu de noble homme maistre Francoys de Vigny, recepveur de la ville de Paris, la somme de neuf vingtz une livres sept solz deux deniers tournois, asçavoir cinquante six livres sept solz deux deniers tournois pour le prorata depuys le vingt ungiesme jour de may jusques au dernier de jung ensuivant, et cent vingt cinq livres tournois pour le quartier ensuivant, finissant le dernier jour de septembre dernier passé, à cause de cinq cens livres tournois de rente qui, dès le vingt ungiesme jour de may l'an mil Vᶜ cinquante sept, me furent vendues et constituées par le Roy et par messieurs les prevost des marchans et eschevins de ladicte ville, sur le revenu des greniers à sel de Joinville, de Laon, de Langres, de Montsaulgeon, de Sainct Dizier, de Velly et de Montdidier, vendues et aliénées par le Roy à ladicte ville pour la somme de trois cens mil livres tournois, pour survenir aux affaires de ses guerres, et sur tous les biens patrimoniaulx d'icelle ville ; de laquelle somme de (*en blanc*) je me tiens pour content et bien payé et en quicte ledict sieur de Vigny, recepveur, et tous autres

Faict soubz mon seing manuel cy mys, ce douziesme jour de novembre l'an mil cinq cens cinquante sept. » J. FERNEL. »

(Bibl. nat. *Pièces originales*, reg. 1125, cote 25850, nº 2. Parchemin original.)

CHAPITRE V

LES MAÎTRES CHIRURGIENS. — LE COLLÈGE DE SAINT-CÔME. LES MAÎTRES BARBIERS-CHIRURGIENS. — RÉCLAME D'UN MAÎTRE BARBIER-CHIRURGIEN.

La chirurgie et la médecine sont aussi anciennes l'une que l'autre. Il est tout naturel que, dès l'origine de la Faculté de Paris, les médecins ecclésiastiques, à qui il était défendu de verser le sang, à qui devaient répugner certaines pratiques peu conciliables avec le caractère dont ils étaient revêtus, aient voulu s'adjoindre des auxiliaires subalternes et leur confier, avec quelques attributions, un ordre de soins spéciaux.

Les exercices manuels étaient, d'ailleurs, considérés comme indignes du savant. Or les préjugés de l'époque comprenaient, dans ces exercices, les manœuvres opératoires.

C'était absurde car, en l'espèce, (est-il besoin de le faire remarquer ?) il ne s'agissait point d'un travail mécanique, mais d'un art, exigeant des efforts intellectuels et ayant pour base des données scientifiques.

La chirurgie n'en fut pas moins séparée de la médecine.

Ainsi exclue de l'Université et livrée aux empiriques, elle eut à essuyer de nombreuses vicissitudes. De misé-

CHAPITRE V

Les maitres chirurgiens. — Le collège de Saint-Côme. — Les maitres barbiers-chirurgiens. — Réclame d'un maitre barbier-chirurgien.

La chirurgie et la médecine sont aussi anciennes l'une que l'autre. Il est tout naturel que, dès l'origine de la Faculté de Paris, les médecins ecclésiastiques, à qui il était défendu de verser le sang, à qui devaient répugner certaines pratiques, peu conciliables avec le caractère dont ils étaient revêtus, aient voulu s'adjoindre des auxiliaires subalternes et leur confier, avec quelques attributions, un ordre de soins spéciaux.

Les exercices manuels étaient, d'ailleurs, considérés comme indignes du savant. Or les préjugés de l'époque comprenaient, dans ces exercices, les manœuvres opératoires.

C'était absurde, car, en l'espèce, (est-il besoin de le faire remarquer ?) il ne s'agissait point d'un travail mécanique, mais d'un art, exigeant des efforts intellectuels et ayant pour base des données scientifiques.

La chirurgie n'en fut pas moins séparée de la médecine.

Ainsi exclue de l'Université et livrée aux empiriques, elle eut à essuyer de nombreuses vicissitudes. De misérables querelles divisèrent longtemps médecins et chirurgiens.

Saint Louis créa, dit-on, la célèbre confrérie, placée sous le patronage de saint Côme et saint Damien, connue jusqu'au XVIIIe siècle sous le nom de *Collège des chirurgiens* ou *Collège de Saint-Côme.*

Des lettres patentes du mois de juin 1360 et juillet 1498 octroyaient à cette confrérie des droits et privilèges semblables à ceux de l'Université.

En janvier 1544, François Ier confirmait ces privilèges, qui restaient méconnus.

Huit ans après, le Parlement, par arrêt du 10 février 1552, faisait défense aux chirurgiens de recevoir des maîtres en chirurgie, hors la présence de quatre docteurs, commis par la Faculté de médecine.

Enfin, en 1579, les chirurgiens obtenaient du pape Benoît XIII la reconnaissance de leur droit à la bénédiction du chancelier de Notre-Dame.

A compter de 1608, ils reçurent plus d'une fois cette bénédiction apostolique, donnant licence de pratiquer et d'enseigner.

En réalité, ils ne firent jamais partie de l'Université.

Les chirurgiens lettrés constituaient un corps assez restreint de professeurs, de praticiens.

La Faculté de médecine les admettait à ses grades, mais à la condition expresse qu'ils n'exerceraient plus la chirurgie. Ils étaient tenus de prendre cet engagement par acte authentique.

Les docteurs n'enseignaient que la théorie des opérations.

Le collège de Saint-Côme conférait le baccalauréat et la licence en chirurgie. Il conférait aussi le grade de maître, mais non celui de docteur.

Un usage très ancien autorisait les barbiers (1) à faire des pansements. Les chirurgiens leur avaient abandonné la saignée et autres menus détails de leur art.

Les barbiers, désireux de s'élever, empiétèrent de plus en plus sur les attributions des chirurgiens. La Faculté de médecine, pour dominer les uns et les autres, favorisa leurs mutuelles rivalités. Elle n'avait rien à craindre des barbiers, dont la culture intellectuelle était peu avancée.

Elle les adopta, en 1505, comme écoliers et il fut convenu qu'ils seraient examinés par des médecins.

Ils prirent alors le titre de barbiers-chirurgiens (*Tonsores chirurgici*). Ils s'appelaient auparavant *Barbitonsores*.

On leur fit un cours d'anatomie en langue française, malgré l'indignation des chirurgiens lettrés, qui rappelaient termes des règlements universitaires, les leçons devaient qu'aux avoir lieu en latin.

Le 11 mars 1577, un contrat passé entre le Doyen de la Faculté de médecine et les barbiers-chirurgiens resserrait l'intimité établie. Ceux-ci reconnaissaient les médecins pour leurs supérieurs et promettaient de leur porter honneur et révérence.

Au XVIIe siècle, les chirurgiens et les barbiers-chirurgiens ne formeront plus qu'un seul et même corps (2).

Ambroise Paré (1517-1590), le père de la chirurgie française, était barbier-chirurgien. Le collège de Saint-Côme, en 1554, eut le bon esprit de le recevoir, malgré son mauvais latin, bachelier, licencié et maître en chirurgie.

Ambroise Paré était chirurgien du roi Henri II depuis 1552.

_____

(1) Le premier barbier du Roi, jusqu'au XVIIe siècle, étendit son autorité sur tous les barbiers et chirurgiens du royaume.

(2) Lettres patentes de Louis XIII du mois d'août 1613. — Contrat d'union des chirurgiens avec les barbiers-chirurgiens du 1er octobre 1655.

M. Léopold Delisle a communiqué, le 11 octobre 1881, au conseil d'administration de la Société de l'Histoire de Paris et de l'Ile-de-France, une très curieuse réclame d'un maître barbier-chirurgien, qui demeurait près de Saint-Germain-des-Prés.

C'est une pièce de la première moitié du XVIe siècle, trouvée dans une reliure et offerte à la Bibliothèque nationale.

La dernière ligne manque et c'est fâcheux. Elle nous eût appris le nom du barbier-chirurgien qui faisait distribuer le prospectus.

Le fac-similé de cette pièce, dont voici la transcription, est donné par le *Bulletin* (1) de l'Histoire de Paris et de l'Ile-de-France.

« Plaise vous sçavoir quil y a aux faulx bourcz Sainct Germain des prez ung maistre barbier et sirurgien qui est bien expert et bien experimenté et qui a faict plusieurs belles cures et beaux experimens en la ville de Paris et ailleurs, qui avec l'aide de Dieu garist de toutes malladies procedentes de la grosse verolle curable, sans grever nature ne faire violence aux patiens.

« Et aussi garyst (le dit maistre) de plusieurs aultres malladies segrettes et aultres qui ne sont pas icy declarez.

« (Et le dit maistre) garist par bruvaiges, sans frotter d'oignemens et sans suer. Et sy le dit maistre (garist bien) aussy par suer et par frotter d'oignemens qui vouldra.

Et aussy qui vouldra estre (traicté pou)r faire la diete, le dit maistre la fera faire honnestement. Et premierement garist le (dit mai)stre de gouttes nouées ou à nouer, de nerfs retraictz et de vieilles ulcères, dartres (à ma)in ou en aultre lieu, chancre en la gorge ou en la bouche ou au palais, avecques les (car)tillages alterez. Ou s'il y a quelque personnaige qui ait trou au palais, et que à rai(son du dit) trou le personnaige parle du nez, vienne par devers le dit maistre, et avec l'aide de (Dieu il pour)ra bien parler. Le dit maistre demeure aux faulxbourcz Sainct Germain des (prez)...... vis à vis (?) d'ung patissier, et entre..... »

(1) Année 1881, pages 130 et 131

CHAPITRE VI

La science médicale au XVIᵉ siècle. — Les quatre
éléments. — Les qualités premières. — Les humeurs cardinales. — Physiologie. — Pathologie.
Anatomie. — Chirurgie. — Thérapeutique. — La
saignée. — Médicaments et pharmacopée. — Sciences
occultes. — Alchimie. — Médecine astrologique

Ce n'est point nous écarter de notre sujet que d'exposer
sommairement ce qu'était la science médicale, enseignée
sur les bancs de la Faculté.

Sa base principale était un système philosophique,
embrassant l'univers entier.

D'après ce système, l'homme créé à l'image de Dieu,
composé de la même manière que l'univers, est considéré
comme son abrégé.

Ce principe admis, il est facile d'en déduire que l'étude
de l'un ne peut se faire sans l'étude de l'autre et qu'on ne
conçoit bien la médecine que comme offrant synthétisée
et condensée la science universelle. Au *Macrocosme* du
monde correspond le *microcosme* humain ; — Le *Macro-
oosme* désigne l'univers ; le *microcosme* désigne l'homme.

Ces conceptions philosophiques des médecins de la Renaissance tiraient leur origine de la plus haute antiquité.

Formulées, dit-on, par Empédocle, elles furent adoptées par Hippocrate, qui les développa largement. Elles se groupèrent en un corps de doctrine, aux premiers temps de l'ère chrétienne, à Alexandrie. Réimportées en Occident par les Arabes, elles régnèrent souverainement durant trois siècles et s'épanouissaient au xvie dans toute leur force.

Parmi les premiers hommes, dit en substance Fernel, qui se prirent à réfléchir, « les uns s'arrêtèrent aux corps, aux phénomènes sensibles, à l'ordre physique, et en recherchèrent les causes ; d'autres s'attachèrent à ce qui ne tombe pas sous les sens, à ce que la raison nous fait concevoir de divin, de constant et d'immuable ; d'autres enfin firent plus attention aux rapports numériques des choses. De cette triple tendance sont nées trois sciences primordiales : la philosophie naturelle, la théologie, les mathématiques. Ce sont des sciences essentiellement spéculatives. Elles ne servent ni aux besoins ni aux plaisirs de la vie. elles sont la connaissance pure, dans ce qu'elle a de plus élevé, de plus désintéressé. La philosophie naturelle étudie les lois du monde ; la théologie, Dieu et les êtres divins ; les mathématiques tiennent le milieu entre les deux (1) ».

Après ces sciences primordiales, viennent, beaucoup moins importantes mais procédant de celles-ci, les sciences pratiques, et, au premier rang, proclame Fernel, se trouve la médecine.

Les anciens avaient admis quelques faits servant de base à leurs doctrines :

Certains éléments, disaient-ils, se retrouvent dans tous

---

(1) Fernel, *de abditis rerum causis*. — Cité par Figard dans *Un médecin philosophe au XVIe siècle : Jean Fernel*, p. 53.

les corps, éléments simples, indécomposables, qui, se modifiant, se transformant, produisent tout, aussi bien les hommes que les animaux et les plantes.

Ces éléments sont au nombre de quatre : la terre, l'eau, l'air et le feu.

Leurs qualités premières sont également au nombre de quatre : le chaud, le froid, l'humide, le sec.

La terre est sèche, l'eau est froide, l'air humide, le feu chaud.

Ces qualités, absolues en elles-mêmes, ne peuvent pas augmenter, mais peuvent diminuer et même se neutraliser, en présence de qualités contraires. De ces combinaisons, variées à l'infini, naît tout le monde sensible.

Lorsque les êtres vivants «meurent, la combinaison se dissout et les éléments sont remis en liberté. A la mort, la chaleur innée, qui animait le corps de l'homme, rentre dans le feu élémentaire ; l'esprit retourne en partie au feu, en partie à l'air. Les humeurs sont restituées à l'eau et les parties solides à la terre.

Enfin, dernière preuve que le corps humain est formé par les éléments, c'est le fait qu'il souffre. Et comme Hippocrate l'avait déjà remarqué : « ce qui est simple ne saurait souffrir (1) ».

De la combinaison même se déduit la notion du tempérament. Celui-ci n'est que la résultante du rapport existant entre les qualités premières de la matière.

En état d'équilibre parfait, on a le tempérament tempéré ; c'est quand le chaud et le froid, l'humide et le sec s'harmonisent agréablement. Dans tous les autres cas, le tempérament est intempéré.

Neuf tempéraments peuvent régir l'organisme humain :

---

(1) L. Figard. *Un médecin philosophe : Jean Fernel*, p 119.

Un tempéré et huit intempérés, dont quatre simples et quatre composés.

Le premier type est rarement réalisé dans la nature. C'est aux autres que se ramènent toutes les combinaisons.

Puisqu'il existe quatre éléments et quatre qualités et que le microcosme correspond au macrocosme, il faut bien un chiffre égal d'humeurs cardinales dans le corps humain : le sang, la bile, l'atrabile et la pituite.

Le sang de tempérament chaud et humide préside à la nutrition générale et à la chaleur.

La bile, de tempérament chaud et sec, est jaune et provient du cerveau.

L'atrabile (ou mélancolie), froide et sèche, de couleur noire, tonifie l'organisme.

La pituite (ou phlegme), est froide et humide. Provenant surtout du corps pituitaire, elle doit nourrir le cerveau.

L'existence de ces humeurs n'offrait de doute pour personne. En réalité, le sang, la bile, et, à la rigueur, la pituite avaient bien une entité propre. Quant à l'atrabile, personne ne l'avait vue et pour cause. Elle n'avait jamais existé que dans l'imagination des Grecs. Néanmoins, tout le monde l'admettait, avec une sereine conviction.

Mais poursuivons. Ces éléments, ces qualités, ces combinaisons, ainsi envisagés, changent continuellement de position et de forme, sous l'action d'une force, d'un agent mystérieux, dont la nature et l'origine restent profondément cachées. Cet agent, c'est l'esprit, *spiritus*. Il se présente sous un triple aspect :

L'esprit animal qui vient du cerveau et commande au système nerveux périphérique.

L'esprit vital, qui siège au cœur et répand la chaleur.

L'esprit naturel, qui réside dans le foie et les veines.

Nous possédons maintenant les principes directeurs, nous permettant de comprendre ce qu'était la pathologie, pour les médecins du XVIᵉ siècle.

A vrai dire, c'était fort simple, au début. Mais les choses s'embrouillaient singulièrement, lorsqu'une difficulté surgissait ou qu'une combinaison nouvelle s'ajoutait à l'ancienne.

Quand on a affaire à un tempérament sain, que l'organisme se maintient dans un état convenable de chaud et de froid, d'humide et de sec, c'est parfait ; que, par contre, les humeurs cardinales, représentant les qualités premières, viennent à se déplacer et à voyager dans le corps humain, elles se trouveront beaucoup plus abondantes où il importe qu'elles soient précaires et réciproquement. De là, modification de l'équilibre et maladie. Le chaud sec produit un érysipèle, une jaunisse ; le froid sec, une mélancolie ; le chaud humide, un phlegmon ; le froid humide, une pituite.

*   *
*

Si nous entrons maintenant dans le domaine de la physiologie, nous nous apercevons aussitôt que les théories en honneur sont celles de Galien, à peu de chose près.

La seule découverte importante, celle de la petite circulation, passe inaperçue et son auteur, Michel Servet, meurt sur le bûcher, allumé par Calvin.

Nous trouvons, dans les œuvres de Rabelais, un exposé de la physiologie d'alors, fait en ces termes par Panurge, au livre III, chapitre IV de *Pantagruel* : ·

« L'intention du fondateur de ce microcosme est y entretenir l'âme, laquelle il y a mise comme hoste, et la vie. La vie consiste en sang. Sang est le siège de l'âme ; pourtant un seul labeur peine ce monde, c'est forger sang continuellement. En ceste forge sont tous membres en office propre : et est leur hiérarchie telle que sans cesse l'un de l'autre emprunte, l'un à l'autre preste, l'un à l'autre est debteur.

· » La matière et métal convenable pour estre en sang transmué est baillée par nature : pain et vin. En ces deux sont comprinses toutes especes des alimens... L'appetit, en l'orifice de l'estomac, moyennant un peu de melancholie aigretté, que luy est transmis de la ratelle, admoneste d'enfourner viande. La langue en fait l'essay, les dents la maschent, l'estomac la reçoit, digere et schylifie. Les veines mésaraïques en sugcent ce que est bon et idoine, delaissent les excremens (lesquelz, par vertu expulsive, sont vuidés hors par expres conduictz), puis la portent au foye : Il la transmue de rechef et en fait sang...

» Les roignons, par les veines emulgentes, en tirent l'aiguosité, que vous nommez urine, et, par les uretères, la decoulent en bas. Au bas trouve receptacle propre, c'est la vessie, laquelle en temps opportun la vuide hors. La ratelle en tire le terrestre et la lie, que vous nommez melaneholie. La bouteille du fiel en soubstraict la cholere superflue. Puis est transporté en une autre officine, pour mieulx estre affiné, c'est le cœur ; lequel, par ses mouvements diastolicques et systelicques, le subtilie et enflambe tellement que, par le ventricule dextre, le met à perfection, et par les veines l'envoye à tous les membres. Chascun membre l'attire à soy, et s'en alimente à sa guise : Pieds, mains, yeulx, tous ; et lors sont faicts debteurs, qui paravant estoient presteurs. Par le ventricule gauche, il le fait tant subtil qu'on le dit spirituel, et l'envoie à tous les membres par ses arteres, pour l'autre sang des veines eschauffer et esventer. Le poulmon ne cesse, avec ses lobes et souffletz, le refraischir. En recognoissance de ce bien, le cœur luy en depart le meilleur, par la veine arteriale.

» Enfin tant est affiné dedans le retz merveilleux que, par après, en sont faicts les esprits animaulx, moyennans lesquelz elle imagine, discourt, juge, resouldt, delibere, ratiocine et rememore...

» A ceste fin (la reproduction) chascun membre du plus precieux de son nourrissement decide et roigne une portion, et la renvoie en bas : Nature y a préparé vases et receptacles opportuns, par lesquelz descendant es genitoires en longs embages et flexuosités, reçoit forme competente et trouve lieux idoines, tant en l'homme comme en la femme, pour conserver et perpetuer le genre humain... »

Quant à l'anatomie, elle profita la première du grand mouvement qui poussait étudiants et régents à s'instruire, à vérifier par eux-mêmes les descriptions classiques et jusqu'ici intangibles des anciens, de Galien en particulier.

Les dissections avaient été peu nombreuses, presque nulles en France, car, au moyen âge, on les avait interdites.

L'Italie, depuis longtemps, nous avait précédés dans la voie du progrès. En 1460, Berthelemy Montagnana, professeur à Padoue, était renommé pour avoir disséqué quatorze cadavres.

Vers la fin du XVe siècle, on commence à disséquer à la Faculté de Paris ; puis une telle curiosité, un tel engouement s'emparent des esprits que l'on se dispute les cadavres et que les rixes sont fréquentes.

Aussi, en 1551, un arrêt du Parlement fait-il défense au Lieutenant criminel, aux maîtres et gouverneurs de l'Hôtel-Dieu, à l'exécuteur de la haute justice et à toutes autres personnes de délivrer, désormais, aucun cadavre, pour faire anatomie, sinon sur une requête du doyen de la Faculté de médecine.

On sait que le gibet de Montfaucon reçut plus d'une

visite d'écoliers et de professeurs, la nuit qui suivait les exécutions. Ces maraudeurs spéciaux essayaient de décrocher les suppliciés se balançant à trente pieds de hauteur et à les emporter chez eux. Il leur fallut souvent mettre l'épée à la main soit contre le guet, soit contre le peuple, qui, « haineux et terrifié », veillait les cadavres. Ces étndes n'amenèrent point les résultats qu'il était permis d'espérer d'un tel zèle, de si persévérants efforts.

Il en eût été autrement si les anatomistes avaient bien voulu rectifier Galien. Mais l'admiration à l'égard du maître était tellement grande que la réalité elle-même avait tort, quand elle se trouvait en contradiction avec les écrits galéniques. On préférait admettre une anomalie, un changement dans la nature de l'homme, depuis l'époque du médecin de Pergame.

Ainsi procédait Sylvius, qui prétendait plier la nature aux descriptions du maître.

Vésale, par contre, l'éminent anatomiste, déclarait que Galien n'avait disséqué que des singes et que, partant, ses descriptions n'avaient pas de valeur, en ce qui concernait l'homme.

Les notions nouvelles d'anatomie étaient assises sur des bases solides de certitude, grâce à un travail patient et acharné.

La chirurgie, délaissée et profondément dédaignée de tous les médecins, marche aussi dans la voie du progrès.

Ambroise Paré l'enrichit de sa découverte sur la ligature des artères et la non vénénosité des blessures par armes à feu. Ses pansements néanmoins, au point de vue antiseptique, sont plus loin des nôtres que ceux usités durant tout le moyen-âge.

La thérapeutique n'avait à sa disposition que très peu de moyens, appropriés à ses fins. Le plus en vogue était, assurément, la saignée.

Sans être arrivé peut-être aux effroyables excès du siècle suivant, on saignait, au XVIe de façon fort respectable.

La purgation tenait le haut du pavé, en fait de remèdes, quand Botalli, médecin de Charles IX et de Henri III, se mit à saigner.

Aussitôt ce mode de traitement fit fureur et on l'appliqua partout, pour n'importe quoi, à l'enfant comme au vieillard.

« Les jeunes gens vigoureux et bien portants doivent être saignés tous les mois, les vieux barbons de quatre à six fois l'an (1). »

Le chirurgien A. de Corboye écrit en 1590 : « Maintenant nous seignons des enfans à trois et avant trois ans, voire réitérer la seignée avec heureuse issue ; et les hommes de quatre-vingts ans la portent fort bien (2). »

Montaigne dit que, à Bade, en 1580, les baigneurs « s'y faisaient corneter (ventouser) et seigner si fort que les deux beigns publics sembloient parfois estre de pur sang (3) ».

Contre la saignée, pas d'objection possible et si, par hasard, le patient meurt, sous un remède si héroïque, c'est que, vraiment, il y a de sa faute et qu'il devait en être ainsi.

« Il y a beaucoup de personnes (4), raconte Joubert,

---

(1) A. Franklin, *La vie privée d'autrefois* (variétés chirurgicales), p. 9

(2) *Les fleurs de chirurgie*, p. 143 (cité par A. Franklin, dans *La vie privée d'autrefois : variétés chirurgicales*, p. 11.

(3) *Voyages*, édit. de 1774, p. 27 (cité par A. Franklin, dans *La vie privée d'autrefois : variétés chirurgicales*), p. 10.

(4) L. Joubert. — *Erreurs populaires*, ch. XIII.

qui ne reprennent la saignée, sinon pour autant qu'ils ont veu mourir des gens après qu'on les avait saignés. Mais leur argument semblera fort légier (ou plustost ridicule), si nous sommes persuadés (comme il est vray) que toutes maladies ne sont pas guérissables, pour le regard du subject, et que celles qui sont nécessairement mortelles mesprisent tous remèdes : dont la saignée, bien qu'elle soit sagement ordonnée, n'y peut de rien servir comme l'effest tesmoigne. Mais qui veut, néanmoins, attribuer l'occasion de mort à la phlébotomie pour ce que la mort la suivy, on luy pourra dire, par semblable raison, que les gens meurent pour avoir disné, souppé ou dormy, d'autant qu'ils meurent quelque temps après... »

La purgation ne fut, cependant, pas abandonnée.

Quand le sang est corrompu par de mauvaises humeurs, avant qu'il soit tout à fait gâté, on commence par saigner, puis on nettoie le reste plus aisément, à l'aide de médecines « lesquelles séparent et trient de parmy le sang lesdits humeurs et les chassent dehors (1) ».

La classique seringue date de la fin du XVIe siècle. Antérieurement on avait fait usage d'un appareil de manipulation plus douce, mais moins commode. L'opération est ainsi décrite dans le *Glossaire archéologique* de Victor Gay (2) :

« On les soulait donner (les clistères) avec manche ou poche de cuir, qui pour le mieulx doit estre de peau de chat, qui est plus moufle que nulle autre. Et lors on commençoit à replier la manche par un bout, et on continuoit de la replier et entortiller en soy mesme et, en ceste sorte,

---

(1) L. Joubert. — *Erreurs populaires*, Paris, ch. XIII, p. 60.

(2) V. Gay, *Glossaire archéologique du moyen âge et de la renaissance*, art *Clistère*, p. 394.

le clistère couloit doucement. Mais ceste façon est plus longue et moins commode que la syringue qui depuis a esté trouvée, avec laquelle un homme seul donne aysément le clistère. Il est vrai qu'elle faict toujours du vent à la fin. » (*Recueil de recettes*, Biblioth. Richel., ms. fr. n° 640.)

* *

Les médicaments, à l'exception de quelques-uns, nouvellement employés, qu'on cherchait à faire entrer dans l'ancienne pharmacie, provenaient du règne végétal. De par leur origine, ils avaient des qualités essentielles, fondamentales. Composés, comme tous les corps, des quatre éléments, ils subissaient l'influence des quatre qualités premières, et celles-ci décidaient de leurs tempéraments.

De ces derniers ils tenaient leur puissance et c'est par leur entremise qu'ils agissaient sur le corps.

Les tempéraments étaient répartis en différents degrés.

Le chaud et le froid, l'humide et le sec différenciaient les médicaments et, par leur combinaison dans le même produit, les divisaient en classes nombreuses.

Sans trop nous appesantir sur les étranges remèdes que l'on formulait gravement, à cette époque, il est intéressant d'observer que la pharmacopée ne s'étendait pas seulement aux racines, aux feuilles, aux fleurs et aux fruits. On utilisait de l'homme et des animaux tout ce qu'il était possible et imaginable d'extraire.

Cloportes, vermisseaux, lézards, scorpions, vipères étaient les animaux les plus employés. On utilisait encore les dents de sanglier, le cœur des grenouilles, le poumon du renard, le foie du bouc, « les génitoires de bièvre » (castor»), la vessie de pourceau, la peau de serpent.

Toutes les graisses y passaient : graisses de pourceau, d'oie, de brebis, de canard, de taisson (de blaireau), de chèvre, d'anguille, etc., et surtout la graisse d'homme.

La « mumie », masse odorante et pâteuse qu'on recueillait dans les anciens tombeaux d'Egypte, avait une efficacité exceptionnelle. Malheureusement les tombeaux des grands personnages manquèrent et, après avoir ouvert tous les cercueils Égyptiens royaux et autres, qui tombèrent sous le pic, on se mit à fabriquer de l'excellente mumie à Paris. Les apothicaires la vendirent aussi cher et elle n'en opéra pas moins des guérisons fabuleuses.

Il n'est pas jusqu'aux excréments, qui n'aient été vantés pour leur vertu souveraine. Il était séant qu'un pharmacien tint dans sa boutique de la fiente de chèvre, de chien, de cigogne, de paon, de pigeon, de musc, de civette, etc.

Liebaut (1) recommande « l'eau distillée de fiente d'homme rouge ou rousseau, souveraine pour les fistules, rougeurs et obscurité d'yeux ». Il ajoute : « Et afin que cette eau ne soit puante, tu y pourras mesler un peu de musc ou de camphre ».

Contre la jaunisse, Gœurot, médecin de François Ier, conseille : « Prenez lombricz de terre aultrement dits achées et les lavez en vin blanc, et les faites seicher ; puis en donnez une petite cuillerée avec vin blanc » (2).

Si vous désirez avoir un joli visage, voici ce qu'il faut

---

(1) Dr Jean Liébaut (mort en 1596), quatre livres des *Secrets de médecine* édit. de Rouen, 1700, in-8º, p. 48 (cité par A. Franklin, *La vie privée d'autrefois · les médicaments*, p. 99.)

(2) *L'entretenement de vie*. Summairement composé par maistre Jehan Gœurot, docteur en médecine et médecin du Roy. Edit. de 1541 in-16 (cité par A. Franklin, dans *La vie privée d'autrefois : les médicaments*, p. 105.)

faire, selon maistre André le Fournier, docteur régent en la Faculté de médecine de Paris :

« Prenez un jeune cigognat (1) qui n'ait encore volé et lui ostez les entrailles, et dedans le corps mettez une once et une dragme de ambre fin, et le mettez distiller en séparant trois eaux, selon leurs couleurs, et la dernière est très bonne (2) ».

« Quiconque aura mangé d'un aulx ne sera piqué du serpent, ny celuy qui sera oint de graisse de cerf », proclame Jérôme de Monteux (3), médecin de Henri II.

Ambroise Paré, lui aussi, se sert journellement « des bestes totales et entières, parties et excréments d'icelles (4) ».

Ces étranges pratiques, ces bizarres conseils émanent de la Faculté, portent l'estampille officielle ! On reste confondu devant une si extraordinaire pharmacopée. Quelles drogues pouvaient donc administrer les charlatans à la foule crédule ?

A côté de la science médicale que nous venons d'exposer en ses grandes lignes, à côté de la thérapeutique classique, existait une autre thérapeutique, tout aussi singulière, aux allures plus mystérieuses. Elle exerça une influence considérable sur tout le XVIᵉ siècle, car elle eut des adeptes nombreux et convaincus. Dans la suite, bien que tombée en défaveur, elle n'en continua pas moins à avoir ses prêtres et ses fidèles.

---

(1) Petit de la cigogne.

(2) André Le Fournier, *La décoration d'humaine nature et l'ornement des dames*, 1541 (cité par A. Franklin dans *La vie privée d'autrefois : les médicaments*, p. 106.)

(3) *Conservation de santé et prolongation de vie*, traduit en françois par maistre Claude Valgelas, docteur en médecine, Paris, 1572, in-32 (cité par A. Franklin, dans *La vie privée d'autrefois : les médicaments*, p, 109.)

(4) *Œuvres*, édit. de 1607, in-fº, p. 1014.

L'astrologie, qui se rattachait par la divination à la magie et cotoyait à la fois la médecine et la politique, jouissait, depuis de longs siècles, d'un prestige indéniable.

Les doctrines et pratiques de toutes sortes, constituant les sciences occultes, tiraient leur origine d'Egypte. C'est après la fusion de la civilisation grecque et de la civilisation égyptienne que nous voyons apparaître les premiers écrits s'y rapportant.

Ces doctrines étaient l'expression de l'art sacré lui-même ou art hermétique (1). L'astrologie fut fournie par les Chaldéens ; les juifs donnèrent la cabale (2).

La base de ces connaissances, leur corps de doctrine se rattachent toujours à la même conception philosophique, au même système que nous avons vu plus haut présider à toutes les notions scientifiques. Les idées mystiques de l'Orient se mêlent à la philososophie grecque.

Ici encore les quatre éléments sont la clef de voûte de l'édifice. Mais les alchimistes les désignent par un seul mot : *La tetrasomia*, qui représente la matière des corps.

M. Berthelot, dans ses *Origines de l'alchimie* (3), expose ainsi la doctrine ancienne :

« A travers les explications mystiques et les symboles dont s'enveloppent les alchimistes, nous pouvons entrevoir les théories essentielles de leur philosophie, lesquelles se réduisent à un petit nombre d'idées claires, dont certaines

(1) Art hermétique. Science d'Hermès, ou art sacré au IIIe siècle de notre ère. comme l'appelaient les Grecs d'Alexandrie. C'était une véritable encyclopédie de toutes les connaissances. Religion, politique, sciences, arts, philosophie, chimie et secrets métallurgiques, tout y était réuni

(2) La cabale ou kabale ne dépend nullement de l'art hermétique. Elle est juive par son origine. Son nom vient d'un mot qui, en hébreu, signifie tradition.

(3) Page 280.

offrent une analogie étrange avec les conceptions de notre temps.

» Tous les corps de la nature, d'après les adeptes grecs, sont formés par une même matière fondamentale. Pour obtenir un corps déterminé, l'or par exemple, le plus parfait des métaux, le plus précieux des biens, il faut prendre des corps analogues, qui en diffèrent seulement par quelque qualité, et éliminer ce qui les particularise, de façon à les réduire à leur matière première, qui est le mercure des philosophes.

» Celui-ci peut être tiré du mercure ordinaire, en lui enlevant d'abord la liquidité, c'est-à-dire une eau, un élément fluide et mobile, qui l'empêche d'atteindre la perfection. Il faut aussi le fixer, lui ôter sa volatilité, c'est-à-dire un air, un élément aérin qu'il renferme. Enfin d'aucuns professent, comme le fera plus tard Geber, qu'il faut séparer encore du mercure une terre, un élément terrestre, une scorie grossière, qui s'oppose à sa parfaite atténuation.

» On opérait de même avec le plomb, l'étain ; bref on cherchait à dépouiller chaque métal de ses propriétés individuelles. Il fallait ôter au plomb sa fusibilité, à l'étain son cri particulier, sur lequel Geber insiste beaucoup.

» La matière première de tous les métaux étant ainsi préparée, je veux dire le mercure des philosophes, il ne restait plus qu'à la teindre par le soufre et l'arsenic, mots sous lesquels on confondait à la fois les sulfures métalliques, divers corps inflammables congénères et les matières quintessenciées, que les philosophes prétendaient en tirer. C'est dans ce sens que les métaux ont été regardés, au temps des Arabes. comme composés de soufre et de mercure. Les teintures d'or et d'argent étaient réputées avoir au fond une même composition. Elles constituaient la *pierre philosophale* ou *poudre de projection.....* »

Au XVIe siècle, les sciences occultes entretenaient l'ar-

deur des chercheurs de la pierre philosophale, qui visaient
à faire de l'or, des astrologues, qui lisaient dans les astres,
et des sorciers, en rapport avec les démons.

La *cabale* antique, juive, avait fait place à la *cabale*
magique. La magie était une étrange association d'alchimie
et de démonologie, dont les secrets avaient, croyait-on,
le pouvoir de dompter les esprits infernaux et d'opérer,
par leur entremise, les prodiges les plus merveilleux.

L'astrologie s'était détachée de l'art hermétique et
celui-ci avait abouti à l'alchimie.

L'alchimie conservait et cultivait encore les doctrines
essentielles de l'antiquité sur l'origine de la matière, son
unité et les relations qui existent entre tous les corps et
les rattachent les uns aux autres.

Son but était de trouver le moyen de faire de l'or, par la
pierre philosophale, et, ce résultat obtenu, un autre s'en
déduisait immédiatement : la transmutation des métaux,
la richesse.

Le remède universel, l'*elixir* de longue vie était conquis
en même temps, car la pierre philosophale amènerait sans
doute à l'état de perfection les éléments du corps humain.
Ce serait la guérison de tous les maux, la prolongation indé-
finie de l'existence.

Souriante perspective, bien faite pour attirer les foules,
éprises de surnaturel !

Les hommes les plus graves admettaient, sans sourciller,
des choses qui nous paraissent colossales. Axenfeld (1),
dans ses *conférences historiques*, cite le fait d'Ambroise
Paré, racontant les exploits d'un diable, domicilié dans le
canal rachidien d'un de ses clients !

(1) *Jean Wier et la sorcellerie*, p. 10.

Wier lui-même, qui se rendit célèbre par sa défense de malheureuses folles, accusées de sorcellerie, dit avoir vu certain sorcier disparaître dans les airs, aux yeux du peuple assemblé, tenant la queue de son cheval, tandis que la femme suivait, pendue au pied de son mari, et la servante aussi, accrochée aux jupons de sa maîtresse.

Aussi des générations de charlatans arrivèrent-elles à la fortune, en exploitant la crédulité publique. La médecine occulte et superstitieuse fut en honneur auprès des plus grands personnages. Elle se résume en trois hommes : Corneille Agrippa, Jérôme Cardan et Théophraste Paracelse.

En sa *philosophie occulte*, Agrippa expose les effets extraordinaires des charmes, des amulettes, des inscriptions magiques. Il vante dans la fièvre quarte la prescription qui consiste à porter autour du cou, soit le rameau desséché d'un arbre abattu par la foudre, soit un clou bien rouillé, dérobé aux vieux ais d'une potence.

Cardan (1) raconte que certaines pierres nous gardent de périr dans les chutes, telle « la pierre *erano*, dicte turquoyse, laquelle portée en un anneau, si l'homme tombe de dessus son cheval, est estimée recevoir tout le coup et être rompue en pièces, l'homme sauvé... »

Il ajoute que « les pierres précieuses retenues souz la langue peuvent faire la devination en augmentant le jugement et la prudence » ; — que « le saphir profite aux melancholiques et au coup et morsure des scorpions et serpens. »

« On estime, dit-il enfin, que le *chrysolithus* reprime grandement la paillardise, s'il est porté touchant la chair. »

---

(1) *Les livres de Hierosme Cardanus*, traduits du latin en françois par Richard le Bant, p 165. — P. L Jacob, *Curiosités des sciences occultes*, p. 130 et suiv.

Pour Agrippa et Cardan. tous les êtres humains subissent l'influence des astres, et ils ne se font point faute d'étaler, dans leurs écrits, avec un luxe inouï de détails les rapports des destinées humaines avec les révolutions sidérales. Les lieux et les choses inanimées n'échappent même pas à la puissance astrale.

Paracelse croyait surtout à l'influence des astres, dans le traitement des maladies. Pour lui, la deuxième colonne de la médecine est l'astronomie ; la troisième, l'alchimie. Quant à la première, c'est la philosophie.

« Et d'autant (1), dit-il, que la médecine ne peut valoir sans le ciel, il faut qu'elle soit tirée du ciel. Or elle peut en estre extraite. si le bon artiste en oste la terre : de laquelle terre, si elle n'est séparée, elle ne peut estre régie du ciel ; mais, quand le remède est séparé de sa terre, alors le medium ou moyen est au pouvoir des astres, et est dirigé et conduit et porté au cœur par iceux ; en sorte que ce qui appartient au cœur est conduit et porté au cœur par le soleil ; ce qui dépend du cerveau, par la lune ; ce qui est à la ratte, par Saturne ; aux reins, par Vénus ; au fiel, par Mars ; au foye, par Jupiter, et ainsi des autres membres. Et non seulement de ces choses, mais il en va ainsi d'autres choses infinies... »

Cependant, au XVIᵉ siècle même, les pratiques occultes sont tournées en dérision. Montaigne et Rabelais se moquent agréablement des praticiens nuageux et leur lancent les traits de leur mordante ironie.

Rabelais, dans *Pantagruel* (2), ridiculise Corneille Agrippa sous le nom de Her Erippa, bonhomme qui

---

(1) *Les quatorze livres des* Paragraphes *de Paracelse Bombast,* traduits par C. de Sarcilly. Paris, 1631, in-4°, p. 6. — P. L. Jacob, *Curiosités des sciences occultes, p.* 111.

(2) Livre III. chap, **XXV.**

« voyant toutes choses éthérées et terrestres, sans bézi-
cles... seulement ne voyait sa femme brimballante, et
oncques n'en sceut les nouvelles. »

Néanmoins, à côté de l'alchimie chimérique, une autre
alchimie, science qui s'ébauche à peine, se concentre de
plus en plus dans les recherches de la matière. L'avène-
ment de la chimie et de la physique expérimentales sera
la mort des alchimistes, magiciens et astrologues.

CHAPITRE VII

Vie médicale des étudiants. — Conférences des bacheliers. — La dialectique, léguée par le moyen age. — Leçons des professeurs. — Les dissections. Instruction clinique. — Assistance publique. — Compagnons et apprentis chirurgiens. — Le Collège de France. — Arrêt du Parlement, rendu sur requête de quelques bacheliers et ordonnant de procéder sans retard a la réception des licentiandes. — L'indiscipline, résultat des guerres de religion.

. La Faculté des Arts, unie à la Faculté de Médecine, était installée, dès le XIIIᵉ siècle, à la rue du Fouarre.

A cette époque, le mobilier des salles basses se composait d'un escabeau pour le professeur, et d'un peu de paille, étendue sur le sol, pour les élèves qui, assis par terre, écrivaient sur leurs genoux.

Le pape Urbain V, en 1366 (1), s'exprimait dans les termes ci-après, relativement à cet usage de faire asseoir les écoliers par terre, en signe de respect à l'égard des maîtres : *Scholares universitatis Parisiensis, audientes suas lectiones, sedeant in terra coram magistris, non in scammis*

(1) A. Franklin, *Les anciennes bibliothèques de Paris*, tome II, p. 18.

vel sedibus elevatis a terra, ut occasio superbiœ a juvenibus secludatur.

En 1369, les deux Facultés se séparèrent et la Faculté de Médecine s'établit dans un immeuble, situé à l'angle de la rue de la Bûcherie et de la rue des Rats, aujourd'hui rue de l'Hôtel-Colbert.

Ce local, agrandi peu à peu par la Faculté, au moyen de l'acquisition de maisons voisines, devint propriété nationale en 1792, lorsque fut supprimée la Faculté de Médecine. Il fut divisé en plusieurs lots et vendu.

C'est dans ces écoles de la rue de la Bûcherie, *scholœ medicorum*, que les étudiants en médecine se rendaient à six heures du matin, en hiver ; à cinq heures, en été, pour assister aux cours.

Des bacheliers en robe noire faisaient à leurs camarades plus jeunes des conférences matinales ; ils lisaient et expliquaient les auteurs anciens, désignés par la Faculté, d'où leur nom de *legentes de mane.*

Aux professeurs était réservé l'enseignement supérieur, librement donné.

Un prodigieux mouvement intellectuel signale cette époque. La *Renaissance*, dont le XVe siècle avait vu les premières lueurs, ouvre des horizons nouveaux à la jeunesse universitaire. Une activité fiévreuse, une ardeur sans égale s'empare des esprits.

La médecine tient une place honorable, en ce merveilleux épanouissement.

L'écolier est avide de savoir. Au goût de la dialectique, il joint maintenant la passion des humanités. Rien ne lui est pénible, pourvu qu'il puisse s'instruire. Autant et peut-être plus que de nos jours, à côté de l'amateur, peu assidu aux exercices de l'école, on rencontrait le travailleur, ne reculant devant aucune fatigue.

Les argumentations publiques développaient chez lui les facultés oratoires et il ne se faisait point faute d'en user. Aussi était-il habile discoureur. La soutenance des thèses était une occasion fréquente pour les bacheliers de discuter et d'épiloguer.

Au moyen âge, dès que l'enfant avait reçu quelques éléments de grammaire, il passait, vers quatorze ans, à l'étude de la logique. Les universités ne songeaient qu'à faire des dialecticiens et se préoccupaient assez peu de l'instruction littéraire.

L'essentiel était de disputer, d'après les règles. La forme était absolument sacrifiée au fond. Toute image, toute figure en étaient bannies.

Tel était le genre scolastique, genre monotone par excellence.

Le XVIe siècle rompt avec ces habitudes. Il étudie les littératures de l'antiquité et essaie de les imiter. La grammaire et la rhétorique prennent peu à peu la place de la logique.

L'enseignement des professeurs, à la Faculté de médecine, plus développé et plus original que celui des bacheliers, consistait aussi à lire les œuvres des maîtres, à les expliquer et encore à dicter des cahiers, où toutes les discussions étaient résumées.

On ne disait pas faire ou suivre un cours de médecine, mais lire ou entendre un livre de médecine, *legere, audire librum.*

Les examens, les thèses et les disputes sollicitaient particulièrement les soins du professorat.

D'après ce que nous venons de dire, on se représente assez bien l'écolier de la Renaissance pourvu d'un bagage littéraire. Mais l'instruction professionnelle, la pratique médicale sont moins étendues.

L'anatomie est une science qui ne peut réellement être apprise que par la dissection, par la démonstration sur les cadavres.

Or, nous l'avons déjà dit, les cadavres étaient rares. Seuls les corps des criminels, des suppliciés étaient livrés à la Faculté. Le professeur, du reste, s'en tenant à la théorie, ne maniait guère le scalpel. Il était assisté par un prosecteur. C'était un étudiant en médecine, d'ordinaire un bachelier, qui portait le titre d'*archidiacre* et résumait la leçon du maître. Mais le véritable préparateur était le barbier-chirurgien.

Celui-ci devait s'abstenir de commentaires et ne point s'écarter de son rôle. *Doctor non sinat dissectorem divagari, sed contineat in officio dissecandi,* disent les statuts.

Les études cliniques paraissent avoir été singulièrement négligées.

On ne demandait aux étudiants que d'assister aux leçons de l'école, aux controverses et aux disputes publiques. Ils ne fréquentaient peut-être un peu les hôpitaux qu'après avoir été reçus bacheliers.

Au siège de la Faculté, cependant, avaient lieu des consultations gratuites, dont ils pouvaient tirer profit pour leur instruction.

Tout bachelier, d'autre part, s'attachait à la personne d'un docteur, qu'il suivait dans ses visites.

* *

Jetons maintenant un coup d'œil sur l'assistance publique.

La sollicitude à l'égard des malheureux n'était pas une vaine formule, au moyen âge. Le principe de l'universelle charité était élevé à la hauteur du devoir le plus sacré.

Les créations tutélaires s'étaient multipliées et, au

XVIᵉ siècle, l'action de l'autorité civile vint s'ajouter utilement aux efforts de la charité privée.

A la porte des monastères, le pauvre était toujours assuré de recevoir l'aumône. Les hospices, grâce aux fondations pieuses, lui offraient un gîte pour la nuit. Tout cela, à vrai dire, n'était pas sans inconvénients, car la vie errante et désœuvrée y trouvait son compte. Parfois aussi l'artisan laborieux et honnête, le vieillard digne d'intérêt, n'osaient solliciter les secours paroissiaux et cachaient leur misère à la compassion publique.

François Iᵉʳ y pourvut en 1536. Il fonda la distribution des secours à domicile. « Ordonnons, dit-il, que les pauvres impuissans, qui ont chambre et logement et lieux de retraite, seront nourris et entretenus par les paroisses et qu'à ces fins les *rolles en seront faits* par les curez, vicaires ou marguilliers, chacun en son église et paroisse, pour leur distribuer en leur maison, ou en tel autre lieu commode et qui sera par lesditz curez, vicaires ou marguilliers advisé en chaque paroisse, l'*aumosne raisonnable*. A ce seront employés les deniers provenant des questes et aumosnes, qui se recueilleront par chacun jour, tant ès églises que par les maisons desdites paroisses. Ordonnons pour cet effet que, *par chacune paroisse, seront establis boëtes et troncs qui, par chacun jour de dimanche, seront recommandés par les curez et vicaires en leurs prosnes, et par les predicateurs en leurs sermons.* Les abbayes, priorez, chapitres et collèges qui, d'ancienne fondation, sont tenus de bailler et fournir en deniers à la paroisse où elle est située et assise la valeur d'icelle aumosne. »

Par un édit de la même année, François Iᵉʳ obligea les mendiants au travail, en échange de l'aumône.

« Est ordonné que ceux qui seront mendicans valides

seront contraincts labourer et besongner pour gagner leur vie. Et où l'on trouvera lesdits mendicans estre obstinez, et ne vouloir travailler à gagner leur vie, ils seront punis comme devant.. »

Le roi fit mieux encore. Une nuée de mendiants valides s'étant abattue sur Paris, en 1545, le Prévôt des marchands reçut l'ordre (1) d'employer ces malheureux aux travaux les plus nécessaires et aux frais de la ville.

« Déjà François Ier, par lettres patentes du 6 novembre 1544, inaugurant un principe, inconnu jusque-là dans les lois françaises, avait institué, à Paris, un bureau général des pauvres et lui avait donné le droit de lever chaque année une taxe d'aumône sur tous les habitants (2) ».

Henri II, suivant un édit du 9 juillet 1547, fit défense de mendier et ordonna que les pauvres « malades, invalides et impuissants » seraient reçus dans les hôpitaux. Par une déclaration du 13 février 1551, il maintint avec énergie, malgré les difficultés, la taxe d'aumône établie par son père. Elle subsistait rencore, à l'époque de la Révolution. Ces premiers actes d'assistance légale, en notre pays, devaient être rappelés.

L'inventaire sommaire des archives hospitalières de Paris est intéressant à feuilleter.

En 1507, Jean de la Saunerie, procureur et receveur de l'Hôtel-Dieu, payait « a maistre Pierre Rosée, docteur en médecine, X escus dor pour avoir visité les religieuses et malades dudit hostel lespace de cinq moys durant (3). »

Claude de Savignac, procureur et receveur général du même Hôtel-Dieu, payait, en 1531, « a maistre Philippe

---

(1) Déclaration du 16 janvier 1545.

(2) A. Monnier, *Histoire de l'assistance publique*, p. 313.

(3) Année 1507, n° 6577. — Archives de l'Hôtel-Dieu, layette 334, liasse 1452 registre in-8°, 469 feuillets, papier.

du Chasteau, escollier estudiant en l'Université de Paris, la somme de VI livres tournois, pour avoir par luy joué des orgues du ditHostel Dieu es festes solempnelles (1). »

Le même Claude de Savignac, en 1537, payait « a maistre Jean Guido, docteur en la Faculté de médecine de Paris et *medecin de lhostel Dieu*, L livres tournois pour dix mois dix jours de sa pension. »

Il payait encore, cette même année, « a maistre Mathurin Taboue, docteur en la Faculté de medecine, X livres tournois pour avoir par luy visite les pouvres mallades de lhostel Dieu et ordonne les médicamens a eulx convenables (2).»

* * *

Sur l'assistance publique à Paris, au milieu du XVIe siècle, on peut encore utilement consulter le manuscrit français 5269 de la Bibliothèque nationale, au folio 17 : *La police des pauvres à Paris*.

Cette pièce fut rédigée entre 1555 et 1557 par un certain Montaigne, procureur du cardinal de Tournon, en tant qu'abbé de Saint-Germain-des-Prés.

Le *Bulletin* (3) *de la Société de l'Histoire de Paris* en a publié le texte, en 1888. C'est un tableau d'un réel intérêt.

Il y est successivement question de l'Hôtel-Dieu, de l'hôpital de la Trinité, de l'hôpital des Enfants-Rouges, de l'hôpital du Saint-Esprit, de l'hospice des Petites-Maisons, de l'hôpital Saint-Jacques du Haut-Pas, de l'hôpital

---

(1) Année 1531, n° 6600. — Archives de l'Hôtel-Dieu, layette 334, liasse 1452 registre in-4° ¦300 feuillets, parchemin

(2) Année 1537, n° 6006.— Arch. de l'Hôtel-Dieu, layette 334, liasse 1452 Registre in-4°, 382 feuillets, parchemin.

(3) *Bulletin de la Société de l'histoire de Paris et de l'Ile-de-France*, année 1888, p. 105 et suiv.

des Quinze-Vingts, des Haudriettes, de Sainte-Catherine, des Filles-Dieu et d'autres hôpitaux de pèlerins

Trente-deux commissaires administraient « la police et aumosne generalle des paouvres de Paris, ville capitale de ce royaulme de France très-chrestien, fontainne de toutes sciences, exemplaire de justice, charité et police », savoir : Seize commissaires honoraires et de conseil comprenant six conseillers au Parlement, un conseiller à la Chambre des comptes, deux chanoines de l'Eglise de Paris ou de la Sainte-Chapelle, trois curés docteurs ou bacheliers en théologie et quatre avocats ; et seize autres commissaires, pris dans la noblesse et la bourgeoisie, ayant, chacun dans sa paroisse, « la charge et superintendance de l'aumosne et des paouvres ».

En ce qui concerne le service médical et chirurgical, la désignation en est faite par le manuscrit dans les termes suivants : « Plus ung medecin et ung cirurgien, esleu chascun an, pour visiter les paouvres malades et leur ordonner ce que leur est necessaire et sans aulcuns gaiges que la grâce de Dieu.

» D'aventaige tous les maistres barbiers de la ville et faulxbours sont tenus, par arrest de la court, de servir sans gaiges à ladicte police, cinq à la foys, trois moys durands, pour visiter et panser les paouvres qui leur sont par lesdictz commissaires envoyés, assavoir deulx en la ville, ung en la Cité et deux en l'Université ; et sont tenus, chascun d'eulx à son tour et rang, assister, deu(r)ant ung moys, audict bureau, aux jours qu'il se tient, pour visiter les paouvres qui se y présentent et se dient estre malades, pour congnoistre leurs maladies, impostures et desguisemens, dont plusieurs usent pour avoir occasion de belistrer et vivre sans rien faire, en frustrant les vrays paouvres de leurs aumosnes. Et neantmoins y a ung barbier et chirurgien qui a quelques petis gaiges pour plus soigneusement et ordinairement visiter, penser et medicamenter ceulx qui luy sont envoyez par ledict bureau et qui sont de longue et difficile cure. »

Les jeunes gens qui se destinaient à la chirurgie s'appe-laient *apprentis*-chirurgiens. Ils étaient attachés au service d'un maître, comme dans toutes les corporations.

Quelques-uns étaient admis dans les hôpitaux. Les regis-tres des délibérations du Bureau de l'Hôtel-Dieu relatent, le 21 mai 1572, que Balthazar Delaistre, chirurgien, et ses serviteurs recevaient, comme nourriture, lorsqu'ils pan-saient les malades, audit hôpital : « Une chopine de vin et une miche bise, au matin, avec ung pied de mouton... et une autre chopine de vin et une miche bize, au soir (1). »

Au XVIIᵉ siècle, le service fut mieux organisé. Des confé-renees eurent lieu pour les *externes* (2).

On compta des *compagnons* chirurgiens, remplissant à peu près les fonctions de nos *internes* actuels, et des appren-tis-chirurgiens remplissant les fonctions d'*externes*.

Il convient ici de dire quelques mots d'une institution célèbre, où florissait l'enseignement libre.

Nous voulons parler du *collège royal* ou *collège de France* qui existe encore de nos jours.

Une réunion d'éminents professeurs s'était constituée et avait été reconnue par François Iᵉʳ, en 1530. Elle ne prit le titre de Collège royal qu'en 1610.

L'Université souffrit à regret cette compagnie naissante

---

(1) Brièle, *Collect. de documents pour servir à l'histoire des hôpitaux de* Paris tome I, p 7.

(2) Brièle, *loc. cit*, tome I, p. 194

qu'elle considérait comme créée à l'encontre de ses privilèges. Mais elle dut s'incliner devant l'autorité royale.

Toutes les branches de l'enseignement furent cultivées,
en ce nouveau foyer intellectuel, au point de vue de la
science pure. La plupart des professeurs appartenaient
aux diverses facultés.

Des cours de médecine y furent établis, dès l'origine.
Les étudiants, désireux de perfectionner leur instruction,
ne furent pas seuls à les suivre. Les docteurs eux-mêmes
allaient entendre ces leçons d'un ordre plus élevé que celles
données à la Faculté.

Voici la liste (1) chronologique des professeurs de médecine, au Collège de France, durant le XVIᵉ siècle. Elle commence par l'anatomiste Florentin Guido Guidi, appelé en
latin *Vidus Vidius* :

Vidus Vidius	1542-1547
André Beauvais	1547-
J. Dubois, dit Sylvius (2)	1550-1555
Jacques Goupye.	1555-1556
Guillaume Baudichon	1568-1577
Louis Duret	1568-1586
Martin Akakia	1574-1588
Jean Lecomte	1577-1585
Jean Le Fevre (Faber).	1582-1590

(1) Abel Lefranc, *Histoire du collège de France*, p. 381 et suiv.

(2) Jacques Dubois (1478-1555), un des premiers anatomistes du siècle : se déclara contre l'astrologie judiciaire. On l'accusa d'une extrême avarice. Bu-
chanan avait fait, à son sujet, un distique en forme d'épitaphe. Ce distique
aurait été affiché, dit-on, aux portes de l'église, le jour de ses funérailles :

> *Sylvius hic situs est, gratis qui nil dedit unquam,*
> *Mortuus et gratis quod legis ista dolet.*

Ci-gît Sylvius, qui ne donna jamais rien gratis, et qui s'afflige, après sa mort,
de ce que vous lisez ceci gratis.

Jean Duret	1586-1599	
E. Gourmelen	1588-1594	
Jean Martin.........................	1588-1626	
Paul Lemaistre	1590-1596	
Pierre Seguin	1594-1618	
S. Pietre	1594-1607	
P. Poncon (1) ou Ponsson	1595-1603	
Jacques d'Amboise........... 1590 ou	1596 à 1606	
M. Akakia II.........................	1599-1604	

* * *

Le respect et la déférence que les étudiants doivent au chancelier de l'Université ne les empêchent pas, à l'occasion, de défendre leurs droits, même en justice.

En 1540, un désaccord se produit entre Jacques Spifame, chanoine, chancelier de l'Université de Paris, conseiller au Parlement, et les docteurs de la Faculté, à l'occasion de la liste d'admissibilité des *Licentiandes*.

Le chancelier n'admettant pas que ladite liste soit dressée sans son concours, refuse de recevoir les candidats.

Aussitôt Jean de Gorris, Eloy Meignen, Jean du Hamel, Valentin Hierosme, Jean Chappelain, Jean Perrel, Robert Faber et Goeffroy Grangier, tous bacheliers en médecine, présentent une requête (2) au Parlement (28 mai 1540).

Ils exposent qu'ils ont satisfait aux épreuves d'usage, pour arriver même au doctorat, qu'ils ont acquitté les droits et accompli les devoirs accoutumés et que la liste d'admissibilité a été dressée.

Ils demandent, en conséquence, qu'il soit enjoint aux docteurs de les présenter au chancelier de l'Université et à celui-ci de les recevoir et leur donner la bénédiction apostolique.

(1) *Cours d'anatomie et simples.*
(2) E. du Boulay, *Hist. univ. Paris*, tome VI, p. 346.

Le Parlement, suivant arrêt du 1er juin 1540, fait droit à cette requête. Il ordonne qu'il sera procédé sans retard à la réception des licentiandes ; que, tous les ans, le jeudi de la mi-carême, la Faculté se réunira, sous la présidence du chancelier, juge principal de la licence, dans une salle de l'évêché de Paris ; que les docteurs régents prêteront serment entre ses mains d'avoir procédé, selon leur conscience, à l'examen des candidats, dont une liste sera dressée par ordre de mérite, à la pluralité des voix, etc.

Les guerres de religion et les haines qui en sont la conséquence ne pouvaient manquer d'avoir leur répercussion dans la Faculté.

L'amour de l'étude fait place au fanatisme religieux. La discipline se relâche. Etudiants et professeurs ne se soucient plus que médiocrement de la règle.

Partout l'agitation et le désordre. Dès le 13 octobre 1558, le Procureur général de Paris enjoint au doyen de la Faculté de faire cesser les incorrections des médecins les uns à l'égard des autres, en sorte « que Dieu et la République ne soient plus offensés (1). »

Il était indispensable d'être catholique pour être admis aux examens. Le 25 janvier 1568, l'Université présentait une requête au Roi, à l'effet d'être autorisée à exclure de son sein quiconque serait convaincu de professer la nouvelle religion (2).

Plus tard, la Faculté se départit de cette rigueur. Dès l'année 1648, on trouvait sur ses listes, dit Maurice Raynaud (3), quatre docteurs appartenant au culte réformé.

Quant aux juifs, il va sans dire qu'ils ne pouvaient exer-

---

(1) E. du Boulay, *Hist. univ. Paris*, tome VI, p. 52.
(2) E. du Boulay, *Hist. univ. Paris*, tome VI, p. 659.
(3) Maurice Raynaud, *Les médecins au temps de Molière*, p. 22.

cer la médecine. Le pape Grégoire XIII renouvela à cet
égard, le 30 mars 1581 (1), les défenses formulées par Paul IV
et Pie IV, ses prédécesseurs.

(1) *Les anciennes bibliothèques de Paris*, tome II, p. 15.

CHAPITRE VIII

Vie privée des étudiants. — Nombre d'étudiants ou écoliers. — Toilette d'un écolier en 1565. — Grands et petits messagers. — Logis des étudiants. — Leurs repas. — Agapes de la Faculté. — Fréquentation des cabarets. — Chants des étudiants. — Leurs excès. — Fêtes et danses. — Collerette a tuyaux d'Henri III.

L'Université de Paris, quoique bien amoindrie dans sa puissance, comptait, aux premières années du XVIe siècle, plus d'étudiants qu'autrefois.

Marino de Cavalli, en 1546, donnait au doge (1) de la République de Venise ces indications : « L'Université est fréquentée par seize à vingt mille étudiants, la plupart misérables, vivant dans les collèges fondés dans cette vue. Les choses que l'on y enseigne le mieux sont la théologie et les lettres grecques, latines et françaises. L'enseignement littéraire y est soigné, prompt et solide. Les philoso-

(1) Le Doge de Venise, en 1546, était François Donato, qui gouverna de 1545 à 1553

phes, les médeçins, les jurisconsultes, les canonistes, les mathématiciens ne manquent pas (1)... »

Les élèves de la Faculté des arts étaient les plus nombreux et les plus turbulents. Nous voulons parler de ceux qui suivaient les cours de philosophie en qualité d'externes ou qui, depuis peu, avaient obtenu des lettres de maîtrise.

On rencontrait des écoliers, âgés de trente à quarante ans, fréquentant les cours en amateurs, tout en ayant une autre profession.

Nous empruntons au *Glossaire archéologique* de Victor Gay (2) cette citation sur la toilette d'un écolier en 1565 :

« Après que j'ay esté esveillé, je me suis levé du lict, j'ay vestu mon pourpoint (*thoracem*) et mon saye (*tunicam*). Je me suis mis dans une selle (*scabellum*), j'ay pris mon haut de chausses (*femoralia*) et mon bas (*tibialia*), que j'ay tous deux chaussez, j'ay pris mes souliers, j'ay attaché mon haut de chausses à mon pourpoint avec aiguillettes, j'ay lié mon bas avec les jarretières au-dessus du genoul, j'ay pris ma ceinture ; j'ay peigné ma teste, j'ay pris mon bonnet que j'ay bien agencé, j'ay vestu ma robbe (*togam*) et puis, estant sorty de la chambre, j'ay descendu en bas, j'ay fait de l'eau en la cour contre une muraille, j'ay pris de l'eau d'une seille, j'ay lavé mes mains et mon visage à une serviette. » (*Mathurin Cordier*, colloque, 60 l. 2 p. 320.)

C'est au quartier de l'Université, dit le *pays latin*, que les étudiants, venus de l'étranger ou des diverses provinces du royaume, fixaient leur domicile.

Là était le centre des études. Libraires, papetiers, par-

(1) *Relations des ambassadeurs vénitiens sur les affaires de* France *au XVIe siècle* recueillies et traduites par M. N. Tommaseo, Paris, 1838, in-4°, t. I, p. 263.

(2) Victor Gay, *Glossaire archéologique du moyen âge et de la renaissance,* t. I, p. 598.

cheminiers, imprimeurs et autres suppôts de l'Université y étaient établis. Les étudiants étaient chez eux dans ce quartier, qu'ils considéraient comme une seconde patrie. « Quand après des années de séparation, dit Franklin (1), d'anciens condisciples se rencontraient dans un concile, dans un couvent ou sur un champ de bataille, ils s'abordaient gaiement par ces mots : *Nos fuimus simul in Garlandia.* — Nous avons été ensemble en Garlande (2).

M. Jourdain (3) nous explique de quelle manière les étudiants de l'Université de Paris correspondaient avec leurs familles, pour recevoir les subsides qui leur étaient nécessaires.

« Des messagers, nous dit-il, transportaient des pays lointains, les bagages et l'argent des écoliers. Mais quelquefois la distance des lieux, des empêchements physiques, comme des inondations, trop souvent des guerres, rendaient difficiles, sinon impossibles les communications d'une ville à une autre. Dans ce cas, des personnes de confiance, choisies par chaque nation, mais résidant toujours à Paris et assez riches pour pouvoir faire des avances aux étudiants, se chargeaient de leur procurer l'argent à leurs besoins.

» Cette classe de correspondants prit aussi le nom de messagers ; et tant à cause de l'importance de leurs fonctions que de leur position sociale (c'étaient ordinairement les marchands les plus accrédités), ils furent appelés *grands*

(1) A. Franklin, *La vie privée d'autrefois* (*Ecoles et collèges*), p. 48

(2) Le clos de Garlande, ancien fief des seigneurs de ce nom, sous Louis le Gros. En dernier lieu, il relevait du chapitre Notre-Dame et de Sainte-Geneviève. Il a laissé son nom à la rue Garlande ou Galande, au quartier latin. (Voir Henri Sauval, *Hist. et recherches des antiquités de la ville de Paris*, tome II, p. 358.)

(3) Ch. Jourdain, *Hist. de l'Univ. de Paris*, p. 7. — Voir aussi sur ce sujet : Hazon, *Eloge hist. de l'Univ. de Paris*, p. 64.

messagers, tandis que ceux qui voyageaient continuellement, pour le service des écoliers, s'appelaient *messagers
volants* ou *petits messagers.* »

* * *

Le logement des étudiants, plus ou moins commode suivant la fortune des familles, était en général peu luxueux.

Beaucoup demeuraient sous les toits et le mobilier en
était peu compliqué.

Entre gens bien élevés c'était alors une politesse que de
partager son lit (1). On l'offrait à un visiteur attardé ou
éloigné de son quartier, comme l'on offre, aujourd'hui, à
déjeuner.

On conçoit, d'après cela, qu'une même chambre à un lit
fût, d'ordinaire, occupée par deux écoliers.

Les œuvres d'Hippocrate de Galien, quelques livres
de médecine et de philosophie, quelques livres de l'antiquité
grecque et romaine, constituaient la bibliothèque de l'étudiant en médecine, assez fortuné pour s'offrir ce petit
luxe.

Il y ajouta bientôt l'*Universa medecina* de Fernel,
ouvrage capital (1567), qui a eu plus de 80 éditions.

Ses repas il les prenait où il pouvait. Les hôteliers et
cabaretiers étaient nombreux. Il y en avait pour toutes
les bourses et toutes les conditions.

Sans nous arrêter à ce que pouvaient être les menus d'un
disciple d'Hippocrate, nous serions peut-être surpris de
le voir à table, prenant les aliments avec trois doigts de la
main droite. C'était l'usage de la bonne société. La fourchette n'existait que pour le cuisinier et servait à découper.
Souvent elle restait dans le plat, afin de permettre aux
convives de saisir les morceaux.

(1) Ed. Bonnaffé, *Etudes sur la vie privée de la Renaissance*, p. 57.

On ne se mettait à table qu'après s'être lavé les mains avec de l'eau parfumée.

Henri III, revenant de Pologne, en 1574, reçut l'hospitalité à Venise, chez le doge, qui avait adopté la fourchette, pour porter les aliments à la bouche. Il s'empressa d'en introduire l'usage à la cour (1).

Dans ses heures de liberté, l'étudiant en médecine se rendait volontiers à la taverne et la dive bouteille était mise à contribution. Ses jours de fête étaient parfois des jours de folie, où l'on banquetait bruyamment.

La fréquence des dîners et distractions gastronomiques était au surplus dans les mœurs.

Brillat Savarin, en sa *Physiologie du goût* (2), classe les médecins au nombre des « gourmands par état ».

L'assertion est peut-être inexacte, mais toujours est-il qu'à l'époque dont nous parlons, la Faculté se complaisait dans les festins et les repas de corps. Les prétextes ne manquaient point de se mettre en liesse.

Après chaque examen, on dînait aux frais des candidats et les vins généreux emplissaient les coupes.

Cet usage était très ancien. « Le menu d'aucune de ces agapes ne nous est parvenu, dit Chereau (3), mais on peut assurer sans crainte que si elles furent d'abord modestes, mal ordonnées, et non pas sans danger pour la raison et la dignité des convives, les palais les plus délicats finirent par ne plus rien trouver à redire ; car, par un décret spécial (11 février 1466), la docte et bien avisée compagnie ordonna que dorénavant plusieurs docteurs seraient députés pour aller déguster les vins, constater la bonté des

---

(1) Ed. Bonnaffé, *loc. cit.*, p. 41.

(2) Brillat-Savarin, *Physiologie du goût, méditation XII* (*des gourmands*).

(3) Achille Chereau, *Notice sur les anciennes écoles de médecine de la rue de la Bûcherie*, Paris, 1866, in-8°, p. 8.

victuailles, et que les bacheliers qui régalaient, ne seraient tenus qu'à la fourniture de deux quartes de vin. »

* * *

Les relations entre professeurs et étudiants étaient cordiales et familières. Souvent maîtres et élèves mangeaient à la même table, prenaient part aux mêmes jeux, se livraient aux mêmes désordres (1).

Dans les salles de cabaret, quand les joyeuses antiennes des écoliers se faisaient entendre, au milieu des nuages de fumée, l'assistance bruyante reprenait en chœur les vieux refrains latins.

Citons ce couplet bachique, qui date du moyen-âge :

> *Quicunque vult esse frater*
> *Bibat bis, ter et quater.*
> *Bibat semel et secundo*
> *Donec nihil sit in fundo...*
> *Et pro Rege et pro Papa*
> *Bibe vinum sine aquâ ;*
> *Et pro Papa et pro Rege*
> *Bibe vinum sine lege.*
> *Hæc una est lex bacchica,*
> *Bibentium spes unica* (2), etc.

Quiconque veut être moine, qu'il boive deux, trois et quatre fois. Qu'il recommence jusqu'à ce qu'il ait vidé le pot... Buvez sans eau pour le Roi et pour le Pape, et pour le Pape et pour le Roi buvez sans mesure. C'est l'unique loi de Bacchus, l'unique espoir des buveurs.

(1) A. Franklin, *La vie privée d'autrefois (Les médecins)*, p. 41 et 42.

(2) Charles Nisard, *Des chansons populaires chez les anciens et chez les Français*, Paris, 1866, in-12, p. 76 et 77.

L'enseignement universitaire donnait aux étudiants une prodigieuse assurance, un singulier aplomb. Tous maniaient les formules avec une parfaite désinvolture, une incomparable subtilité. Si la chaleur communicative des vins les agitait, quelle ne devait pas être la verve de ces bacheliers, discourant de *omni re scibili et quibusdam aliis ?*

Ils avaient une prédilection pour les chants franco-latins plus ou moins naturalistes (1).

Cette manie d'amalgamer le latin au langage usuel persista longtemps dans les écoles, même aux XVIIe et XVIIIe siècles.

Extrait d'un opuscule (2), publié en 1640 composé de vieilles chansons :

> *Je suis un docteur tousiours yvre*
> *Qui tient rang* INTER SOBRIOS
> *Et si jamais je n'ay veu livre*
> *Qu'*EPISTOLAS AD EBRIOS ;
> *Et moy, de qui la panse esclatte*
> NIMIS PLENIS VISCERIBUS,
> *J'ay les yeux bordés d'escarlatte*
> ET NASUM PLENUM RUBIBUS.
> *Et tousiours, tousiours chante*
> *Qu'il vaut mieux avoir vin que trente.*

La conduite privée de certains ne valait guère mieux, au XVIe siècle qu'au moyen-âge, où maintes fois les écoliers avaient été convaincus de vol et de meurtre.

Une ordonnance du Parlement, en date du 20 août 1554, est édifiante à ce sujet (3). Pour mettre fin aux violences et excès, commis journellement à Paris et spécialement

---

(1) On en trouve des exemples dans l'*Ancienne chanson populaire en* France (XVIe et XVIIe siècles), par J. B. Weckerlin, Paris, 1887, in-12.

(2) *La comédie de chansons*, publiée par Toussainct Quinet, Paris, 1640, p. 65.

(3) D. Felibien. *Histoire de la ville de Paris*, tome III, p. 648 et 649.

« en l'Université et fauxbourg d'icelle », la cour édicte certaines prohibitions ; notamment elle fait défense aux écoliers de porter épées et chausses de couleur déchiquetées,
certains allant « en habits dissolus » avec « chapeaux si bas
qu'à grand peine les peut-on cognoistre ».

La même ordonnance nous apprend que « plusieurs
desdits escholiers, au lieu de vacquer à leur estude, vont
souvent chez les maistres escrimeurs et joueurs d'espée
demeurans èsdits fauxbourgs, en lieux destournez, de peur
d'estre veus de leurs maistres et regens ».

Elle nous apprend encore que « lesdits escholiers et autres
gens vagabons de ladite ville, après avoir joué et rodé
tout le jour par ladite ville, se retirent au soir ès cabarets
et tavernes d'icelle ville, mesmement aux fauxbourgs,
auxquels ils consument la plupart de la nuit, faisans mono-
pole et assemblées illicites, pour courir la nuict, piller et
destrousser les allans et venans. »

Ceci ne s'appliquait évidemment qu'à quelques élèves
de l'Université, dont la Faculté des arts fournissait le plus
grand nombre.

Au siècle précédent, le poète François Villon (1431-1484),
plusieurs fois emprisonné pour vol, condamné à être pendu,
puis gràcié, nous offre un spécimen de ces étudiants
pauvres, oisifs et vicieux (1).

A côté de jeunes gens riches, vivaient, nous l'avons dit,
des étudiants dénués de toutes ressources.

Taverniers battus, boutiques pillées, bagarres et tumulte,
c'était encore la monnaie courante au XVIe siècle.

L'Université régnait au pays latin et, en vertu de ses
prérogatives, elle n'y souffrait guère la présence des sergents à verge.

(1) Sur Villon et les étudiants de son époque, consulter : Antoine Campaux,
François Villon, sa vie et ses œuvres. Paris, 1859, in-8°, p. 48 et suiv.

L'action de la police était illusoire. Les maîtres allaient eux-mêmes réclamer leurs élèves aux prisons du Châtelet, quand ils avaient été assez maladroits pour s'y laisser enfermer.

*
* *

Le jour de l'an, l'épiphanie, le mardi gras, etc., se célébraient avec pompe. Nos écoliers n'avaient garde de manquer aux danses et mascarades.

Au début de la Renaissance, on dansait surtout la *pavane* et les *branles* (1).

Les figures de notre moderne *cotillon* rappellent vaguement le *branle*, où dames et cavaliers se tenaient en rond par la main, tandis qu'un couple exécutait une figure qui était répétée successivement par tous les autres.

Des danses plus mouvementées, plus expressives et moins décentes firent leur apparition vers la fin du règne de François Ier. C'étaient la *volte*, la *courante*, la *fissaye*, empruntées aux italiens.

L'esprit frondeur des étudiants ne date pas de l'époque contemporaine.

Il fut toujours la caractéristique de la jeunesse universitaire, aimant avec l'étude, le bruit, l'indépendance et le plaisir.

La royauté parfois en subit les piqûres. Les goûts efféminés d'Henri III s'y prêtaient admirablement.

Ce prince avait, on le sait, une passion singulière pour la toilette, le fard, les senteurs, les pâtes adoucissantes de la peau.

En 1578, il exhiba une immense collerette à tuyaux ou fraise godronnée, « formée de quinze lés de linon et large

(1) E. Bonnaffé, *Etudes sur la vie privée de la renaissance*, p. 172 et 175.

d'un tiers d'aune ». Il avait composé lui-même un empois avec de la farine de riz, pour maintenir à l'étoffe assez de rigidité.

L'invention, dit Quicherat (1), fit pitié aux gens de Paris. Au carnaval suivant, les écoliers, parés de fraises de même modèle en papier se promenaient à la foire Saint-Germain et excitaient les rires du populaire en criant : « A la fraise, on connaît le veau ».

Malheureusement le roi entendit ces plaisanteries, les trouva de fort mauvais goût, et MM. les écoliers firent le soir même. connaissance avec les prisons du Châtelet.

(2) J. Quicherat, Directeur de l'Ecole des chartes, *Histoire du costume en France,* p. 418 et 419.

CHAPITRE IX

LE LANDIT. — DÉSORDRES DU PRÉ AUX CLERCS. — CARAC-
TÈRE DES ÉTUDIANTS ET COTÉ RELIGIEUX DE LEUR VIE.

Parmi les fêtes bruyantes et tapageuses de l'Université, celle du Landit (1) mérite une mention spéciale. Elle mettait la ville tout entière en mouvement et devenait presque toujours une occasion de tumulte et de violences.

Pourtant son origine, qui remontait aux premières années du XIIᵉ siècle, était essentiellement religieuse (2). Ce fut une procession, organisée en l'honneur de la vraie croix, dont la cathédrale de Paris avait reçu une parcelle, en 1109.

L'évêque présidait la cérémonie et le Recteur de l'Université s'y rendait en grande pompe. Des marchands s'installèrent, de bonne heure, sur le terrain où elle avait lieu, au mois de juin, entre la butte Montmartre et Saint-Denis. Ainsi fut créée la foire du Landit.

A compter de 1556, elle se tint dans l'intérieur de la ville

(1) On fait dériver *Landit* du latin *locus indictus*, lieu indiqué ; ou mieux encore de *indictum*, signifiant assemblée. On devrait donc écrire *l'endit*, mais l'usage a prévalu d'écrire *Landit* ou *Lendit*. On disait anciennement *l'indict*.

(2) L'abbé Lebeuf, *Histoire du diocèse de Paris*, Paris, édit. de 1883, in-8º, tome II, p. 537 et suiv.

de Saint-Denis et perdit de son importance. On y apportait et vendait beaucoup de parchemin.

Le Recteur qui, pour lui-même et pour la Faculté des arts, avait une taxe à percevoir sur cette marchandise, chargeait, en cette circonstance, les parcheminiers jurés de l'Université de surveiller la vente et de visiter les maisons de Saint-Denis, en vue d'empêcher la fraude.

A l'occasion de cette fête, les élèves des collèges payaient à leurs régents, en écus d'or, les honoraires qui leur étaient dus.

Les écus étaient offerts dans une bourse ou dans un verre de cristal ou bien placés dans l'écorce d'un citron (1).

Le landit était également cher aux maîtres et aux écoliers.

Une grande cavalcade accompagnait le Recteur à Saint-Denis. Docteurs, maîtres, licenciés et étudiants, suppôts de l'université en grand nombre, tous à cheval, se réunissaient sur la place Sainte-Geneviève (2).

Tambours et trompettes donnaient le signal du départ, et le défilé triomphal commençait à travers la ville, bannières et enseignes déployées.

Les chatoyants pourpoints des fils de famille attiraient toujours les regards des curieux et des gentes bachelettes.

Arrivé à Saint-Denis, le cortège s'arrêtait. Suivant l'usage, professeurs et écoliers faisaient, à la foire, leur provision de parchemin pour toute l'année. Mais ensuite la cérémonie dégénérait en désordres. Les excès et les scandales se multipliaient, au grand effroi des paisibles citadins.

Le Parlement avait, à différentes reprises et sans succès, essayé de détruire ces abus, notamment par un arrêt du 26 juillet 1558.

(1) Crevier, *Histoire de l'Université de Paris*, tome VI, p. 65.
(2) Crevier, *loc. cit.*, p. 347 et 348.

Peu à peu, cependant, la fête du Landit perdit son caractère tumultueux, pour rester jusqu'à la Révolution de 1789 un simple jour de divertissement.

Dès le XVIᵉ siècle, l'évêque avait cessé de faire l'ouverture du Landit.

*\
* *

De temps immémorial, le Pré aux Clercs, antique fief de l'Université, était fréquenté par les *clercs* (1) ou écoliers et aussi par les duellistes.

Il s'étendait le long de la rive gauche de la Seine, de l'emplacement actuel de la rue Bonaparte à l'emplacement du palais Bourbon, entre la Seine et le boulevard Saint-Germain.

Il était divisé en deux parties par un canal qui conduisait les eaux de la Seine dans les fossés de l'abbaye Saint-Germain des Prés. La partie orientale, à peu près circonscrite par les rues de Seine, Jacob et Bonaparte, s'appelait le Petit-Pré. La partie occidentale s'appelait le Grand-Pré aux Clercs.

Ce domaine, planté d'arbres et agrémenté de cabarets, tenait particulièrement à cœur à la jeunesse des écoles. Elle y prenait ses récréations et souvent des ébats plus aventureux.

Le voisinage de l'abbaye donnait lieu à d'incessantes difficultés. La délimitation des terres était mal définie. Les religieux en avaient profité pour s'approprier une chaussée conduisant à la rivière, entre le Grand et le Petit-Pré.

Ils avaient empiété encore sur d'autres points, y avaient

---

(1) Clerc (du latin *clericus*, en grec χληρικός, de χλῆρος, héritage), c'est-à-dire qui a dieu en partage. La tribu de Lévi, qui était consacrée au sacerdoce, est appelée dans la Bible, le partage du Seigneur.

Le titre de clerc, donné à tous les membres du clergé sans exception, était synonyme, au moyen âge, de lettré, de savant. Tout écolier était clerc.

planté des vignes et élevé des maisons de rapport, au grand regret des écoliers, dont la place se trouvait rétrécie.

Mais les vendanges ne furent point toujours faites par les moines. Les maisons mêmes parurent inhabitables, tant les clameurs et les facéties des écoliers y apportèrent de trouble (1).

Il est vrai que les religieux avaient établi une voirie, non loin du Petit-Pré, lequel était devenu un réceptacle d'immondices. Ces considérations avaient décidé l'Université à l'aliéner.

En 1548, le Parlement fut saisi de la question des droits de l'Université, à l'encontre de l'abbaye, qui avait à sa tête pour abbé le cardinal de Tournon, prélat éminent par ses qualités et jouissant d'un grand crédit.

Les écoliers, encouragés, dit-on, par le célèbre Ramus, ne restèrent pas simples spectateurs du conflit judiciaire.

Le 4 juillet, ils se portèrent en armes sur le clos des moines, y firent plusieurs brèches et saccagèrent les arbres et les vignes. Ce fut une dévastation en règle. Ils commirent les mêmes excès au jardin de Charles Thomas (2), conseiller au grand conseil, qui demeurait non loin de là.

Comme il arrive, en toutes occasions de trouble, de mauvais garnements s'étaient joints aux écoliers, pour compléter le désordre,

Le personnel de l'abbaye, aidé de la maréchaussée, mit en fuite les assaillants, dont plusieurs furent blessés et emprisonnés. Le calme se rétablit enfin, grâce à l'intervention du Recteur et des magistrats

Suivant arrêt du 10 juillet 1548, le Parlement déclara

(1) Sur les troubles du Pré aux Clercs, voir E. du Boulay, *Historia universitatis*. Paris, tome VI ; — Crevier, *Hist. de l'Univ. de Paris*, tomes V et VI ; — A. Taillandier, *Mémoire sur les registres du Parlement*, etc.

(2) J. du Breul, *Le théâtre des antiquitez de Paris*, p. 335.

que l'Université devait jouir de ses prés, petit et grand, librement et sans aucune charge.

Il fallut procéder au mesurage du Grand-Pré. Cette opération ne fut terminée qu'en 1551. Le Parlement fixa les limites par arrêt du 14 mai de cette même année.

*
* *

En 1557, tout fut remis en question par les écoliers, qui voyaient avec colère s'élever de nouveaux édifices sur le Grand-Pré. Ils prétendaient aussi que les limites, fixées par l'arrêt du Parlement du 14 mai 1551, avaient resserré l'ancienne étendue de leur patrimoine.

Toujours est-il que, plusieurs fois, ils essayèrent de démolir les maisons.

Le 12 mai 1557, un écolier breton(1), de famille noble, se promenant, le soir, au Pré aux Clercs, avec un avocat, fut tué par un coup de fusil, tiré de la demeure d'un nommé Bailli, commissaire au Châtelet.

Une violente bagarre s'ensuivit, où fut versé le premier sang.

Les attroupements en armes devinrent journaliers et les pires excès furent commis. Des fauteurs de désordre s'étaient joints aux écoliers.

Par le fer et par le feu, ils attaquèrent les édifices, sans que rien pût arrêter leur fureur. Ainsi furent incendiées les maisons de Me Jean Baillet, commissaire du Roi, Martin de la Mothe, Jacques Garnier et Pierre Marcel, tous bourgeois de Paris (2).

L'arrivée des archers fut le signal d'une sanglante collision. Le bilan de la journée se chiffra, dit-on, par une douzaine de morts de part et d'autre (3).

(1) Crevier, *Hist. de l'Université de Paris*, tome VI, p. 29et suiv.
(2) Claude Haton, *Mémoires*, tome Ier, p. 59.
(3) J. du Breul, *Le théâtre des antiquités de Paris*, p. 386.

Mais force resta à la loi. Les écoliers prirent la fuite, laissant de nombreux prisonniers aux mains des archers et, entre autres, Baptiste Coquastre, clerc tonsuré, natif d'Amiens, qui s'était distingué entre les plus séditieux et s'était vanté d'avoir été le premier à allumer l'incendie.

Il était âgé de vingt-deux ans, robuste et hardi.

Le Recteur de l'Université, les doyens des Facultés, les procureurs des nations et les principaux des collèges furent, le 19 mai 1557, par arrêt du Parlement, sommés, provisoirement sous leur responsabilité personnelle, de faire cesser la révolte.

Une sentence du Châtelet avait condamné Baptiste Coquastre à être pendu dans le Pré aux Clercs.

Le Parlement, voulant faire un exemple, confirma cette sentence, par arrêt du 20 mai 1557, qui fut exécuté le même jour. En vain l'évêque de Paris avait réclamé le malheureux écolier, qui était son justiciable.

La potence s'éleva au milieu du Pré aux Clercs. Le corps du jeune homme fut ensuite livré aux flammes.

Un grand déploiement de forces avait empêché les écoliers de délivrer leur camarade, tandis qu'on le conduisait au gibet.

Après l'exécution, les désordres continuèrent de plus belle.

Le roi écrit de Villers-Cotterets au Parlement (22 mai 1557), qu'il approuve les mesures de répression prises contre les écoliers.

Par une autre lettre, adressée le lendemain, 23 mai, à l'Université, il annonce qu'il a confisqué le Pré aux Clercs et que si les désordres ne cessent pas, il supprimera les privilèges de l'Université et infligera « si rude et si violente punition que l'exemple sera de perdurable mémoire. »

Le 24, il écrit de La Fère donnant des ordres au Parlement pour mettre fin aux troubles. En même temps il annonce l'envoi d'un corps de troupes.

Les écoliers, exaspérés par les violences, retournent au Pré aux Clercs et s'y livrent à de nouvelles destructions. Mais leur colère est impuissante et le calme se rétablit peu à peu.

Le 26 mai, l'Université exprime au roi Henri II qu'elle n'est pour rien dans la rébellion des écoliers et que, très humble et très obéissante fille, elle entend ne jamais se départir de la soumission due au Roi « son très-honoré et très-redouté seigneur et père. »

Satisfait des sentiments qui lui étaient exprimés, le Roi voulut user de clémence.

Un arrêt du conseil privé, en date à La Fère, du 30 mai, fit grâce aux écoliers et ordonna la mise en liberté provisoire de ceux qui étaient détenus.

Enfin, suivant lettres, expédiées de Compiègne le 25 juin, Henri II réitéra au Parlement l'ordre de cesser toutes poursuites, à raison de ces troubles.

Mieux encore, sur sa demande, l'Université fut rétablie dans ses droits sur le Pré aux Clercs, qui resta ainsi aux écoliers. « Et est ledit héritage demeuré paisible pour l'esbatement desdits clercs et escolliers et autres personnes dudit Paris (1). »

Le rôle particulier que les étudiants en médecine jouèrent dans cette sédition ne nous est pas signalé. Bon gré mal gré ils se trouvèrent mêlés plus ou moins aux étudiants des autres Facultés et aux élèves des collèges de Paris. Une grande solidarité unissait, en effet, tous les écoliers de l'Université.

* *

Il nous reste maintenant à essayer de préciser le carac-

(1) Claude Haton, *Mémoires*, tome I, p. 60.

tère de l'étudiant en médecine et, en dernière analyse, à démêler les sentiments qui en constituaient le fond sérieux et réel.

Assurément, si l'on ne veut que s'arrêter à la surface des choses et voir en moralité les folles équipées du pays latin, si l'on considère les mœurs singulières de certains écoliers du XVIe siècle, pillards et débauchés (1), on serait tenté de porter un jugement des plus sévères et certes des plus motivés.

Mais, outre qu'il serait inexact et injuste d'attribuer à la généralité les faits et gestes de quelques-uns, il ne faut pas oublier qu'à cette époque de transition et d'habitudes guerrières, les excès les plus graves s'excusaient aisément.

Le meurtre et la galanterie, pourvu qu'il s'y mêlât un semblant d'héroïsme, n'avaient rien d'odieux. La bravoure du spadassin était en honneur.

La cour d'Henri III n'offrait-elle pas un continuel spectacle d'orgies et d'élégances ? On y recherchait les philtres pouvant assurer l'amour ou la vengeance, on consultait les astrologues, puis, sans transition aucune, on courait à l'église, on suivait les processions, on se couvrait même d'un cilice.

La foi aux choses divines est plutôt laborieuse de nos jours, en apparence du moins. Il n'en était pas ainsi au XVIe siècle, malgré l'esprit de libre-examen qui détruisait, à ce moment, l'unité du monde religieux. Mais la société déséquilibrée, inquiète et maladive, s'agitait dans l'orgie et l'incohérence.

La jeunesse, toujours plus accessible aux influences du milieu, aux entraînements irréfléchis, suivait l'impulsion de ses désirs, s'abandonnait, sàns trop de remords, aux

(1) *Omne annimal a coitu tristatur, prœter gallum et scholasticum futientem gratis* (Noël du Fail, *Œuvres facétieuses*, édit. Elzév., tome I, p. 262.)

penchants les moins recommandables, et accomplissait tout naturellement des actes qui, aujourd'hui, coûteraient très cher à leurs auteurs.

En fait, les étudiants en médecine, comme tout le bon peuple de France, étaient croyants. En ceci, du reste, ils se conformaient à leur époque. Papistes ou huguenots étaient convaincus et en décousaient volontiers pour leurs idées.

Les étudiants en médecine tenaient sincèrement à la religion catholique. Les cérémonies du culte occupaient une place trop importante à la Faculté, pour qu'il en fût autrement.

Tous les samedis, une messe à laquelle les élèves devaient assister, était célébrée dans la chapelle de l'école.

On disait aussi des messes d'action de grâce, des messes pour les bienfaiteurs, pour les docteurs décédés, etc. Une amende de trois livres était infligée aux écoliers absents ; *deficientes plectuntur 3 lib.* (1). »

La fête de saint Luc, patron des médecins, donnait lieu encore à de pieuses manifestations.

Enfin, dans le courant de l'année scolaire, tout le monde s'approchait ou était censé s'approcher des sacrements, plusieurs fois. C'était le dimanche. La veille, les cours étaient suspendus *confessionis causâ*.

En 1572, Jean de Gorris (2), fils d'un doyen protestant, n'ayant point voulu prêter serment sur les saints évangiles, d'assister aux messes de la Faculté, fut exclu de l'examen du baccalauréat en médecine.

Durant tout le XVIᵉ siècle, la Faculté ne cessa point, d'ailleurs, de protester de son dévouement au catholicisme.

---

(1) Corlieu, *L'ancienne faculté de médecine de Paris*, p. 21.

(2) A. Franklin, *La vie privée d'autrefois* (*Les médecins*), p 93

Elle prit parti pour la Ligue. On sait que la Sorbonne (1) déclara *le peuple français délié du serment de fidélité prêté au roi Henri III.*

Quoique licencieux et turbulents, les étudiants en médecine n'étaient pas moins, en grande majorité, studieux et travailleurs. Leurs examens étaient nombreux et exigeaient une préparation laborieuse.

Certes, ils ne se faisaient point scrupule, le soir venu, de vider la cave du tavernier, et si celui-ci ne goûtait pas suffisamment la plaisanterie, de le battre en guise de monnaie. Il leur arrivait par ci par là de bastonner assez rudement et même de laisser sur place le bourgeois attardé et récalcitrant. Les démêlés avec le guet et les sergents à verge manquaient souvent aussi d'aménité et se terminaient fort malencontreusement. Mais c'étaient là, somme toute, pour l'époque, de méchantes peccadilles. Plus tard, quand, sur sa mule tranquille, le bon docteur, à l'aspect grave, à la barbe longue et sévère, ira, à travers les ruelles, faire ses visites quotidiennes, les souvenirs d'antan ne seront pas oubliés. Avec une pointe de mélancolie, au milieu de ses labeurs, il songera parfois à ces heures de jeunesse qui s'écoulèrent folles et joyeuses ; heures fugitives d'étude et d'insouciance.

Nous voici arrivés à la fin de ce travail. Si maintenant nous jetons un regard en arrière, évoquant les souvenirs

(1) La Sorbonne. — Nom donné a la Faculté de théologie. Ce fut d'abord une simple maison d'éducation à l'usage des ecclésiastiques. Elle avait été fondée, en 1252, par Robert de Sorbon, savant docteur, chanoine de Paris. — Depuis 1821, les bâtiments de la Sorbonne servent aux cours des Facultés des lettres, des sciences et de théologie. La Faculté de théologie catholique a été supprimée.

de ce passé que nous avons rapidement entrevu, ce n'est pas un sentiment de facile ironie ou de pitié qu'il nous inspire.

Qu'importent les doctrines erronées du XVIᵉ siècle ? Les découvertes scientifiques dont nous sommes justement fiers, à l'heure actuelle, ne sont-elles pas le résultat d'une longue série de travaux et d'efforts ? Sommes-nous donc si certains de nous-mêmes, pour nous permettre le dédain ? Est-il bien sûr que, dans quelques centaines d'ans, nos conceptions ne paraîtront point à nos successeurs étrangement inexactes et nos théories, en apparence les mieux fondées, dignes tout au plus d'un intérêt historique ?

L'humanité poursuit sa route à travers les âges. Peu à peu la semence intellectuelle s'épanouit et, à la lueur de la pensée, un coin d'horizon se dévoile, au milieu de l'obscurité environnante. Le progrès ne saurait être l'œuvre d'un jour. L'essentiel est que les innovations y tendent.

Bien des hypothèses ont sombré devant la science moderne, mais elles ont provoqué des discussions et c'est du choc des discussions que jaillit la lumière.

TABLE DES MATIÈRES

CHAPITRE V

CHAPITRE VI

CHAPITRE VII

CHAPITRE VIII

CHAPITRE IX

27 18-95. — SOCIÉTÉ ANONYME DES IMPRIMERIES GÉRARDIN, VERSAILLES.

2718-05. — SOCIÉTÉ ANONYME DES IMPRIMERIES GÉRARDIN, VERSAILLES.